Mutfrauen

GHV

Mutfrauen

Erfolgreich mit Qualität. Ohne Quote. Ohne Quatsch.

Herausgegeben von Stephan Schwarz

2., verbesserte Auflage

Gerhard Hess Verlag

Mutfrauen

Erfolgreich mit Qualität. Ohne Quote. Ohne Quatsch.

Herausgegeben von Stephan Schwarz

2., verbesserte Auflage 2025

© Copyright by
Gerhard Hess Verlag
Jahnstraße 14
73066 Uhingen

Druck: Bookpress, Allenstein/Polen

www.gerhard-hess-verlag.de
info@gerhard-hess-verlag.de

Printed in EU
ISBN 978-3-87336-856-9

Inhalt

Beiträge

Geleitwort von Beatrix von Storch, MdB

Der Anteil der Männer, die AfD wählen, ist noch größer als der Anteil der Frauen. Das hat verschiedene Gründe, von denen viele nicht einmal primär etwas mit dem Geschlecht zu tun haben. „Stark in der Arbeiterschaft, schwach bei den Alten" titelte etwa der Berliner Tagesspiegel über einem Artikel über die Zusammensetzung der AfD-Wählerschaft. Der Anteil der Männer ist in der Industriearbeiterschaft größer, und da Frauen eine höhere Lebenserwartung haben als Männer, wirkt sich das schwächere Abschneiden der AfD bei den älteren Bürgern auch auf den Frauenanteil unter den AfD-Wählern aus. Je stärker die AfD aber wird und über ihre inzwischen schon sehr starke und stabile Stammwählerschaft hinauswächst und in neue Milieus und Bevölkerungsschichten hinausgreift, um so mehr wird sich der Anteil von Frauen und von Männern, die die Partei wählen, angleichen. Das vor allem auch deshalb, weil die Themen, die die AfD anspricht, besonders Frauen betreffen. Islamisierung, Gewalt und Kriminalität, die Auflösung der Familie und die gesetzliche „Abschaffung" des biologischen Geschlechts sind direkte Angriffe auf die Schutz- und Freiheitsräume von Frauen und Mädchen.

Der linke „Feminismus" und ideologische Gleichheitsrhetorik verstellen den Blick darauf, welche zentrale Rolle Frauen für die konservative Bewegung im gesamten Westen spielen. So wie der Euro-Protest die Initialzündung für die spätere Gründung der AfD war, so war die amerikanische Tea-Party-Bewegung, die gegen Präsident Obamas Bankenrettung und Staatsschulden auf die Straße ging, die Basis für den späteren Erfolg von Donald Trump. Was die Mainstream-Medien in ihrer Berichterstattung damals verschwiegen, war der Umstand, dass die Tea-Party-Bewegung vor allem von Frauen getragen wurde.

55 % der Aktivisten der „Tea Party"-Bewegung waren Frauen.

Die konservative „Eiserne Lady" Margaret Thatcher war nicht nur die erste Frau im Amt des Premierministers im Vereinigten Königreich, sondern auch das erste gewählte weibliche Regierungsoberhaupt in Westeuropa überhaupt. Giorgia Meloni ist die erste Frau in Italien, die seit der Einführung des Frauenwahlrechts im Jahr 1946 eine Regierung anführt. Wenn Marine Le Pen bei den nächsten Präsidentschaftswahlen 2027 gewinnt, wird sie die erste Frau an der Spitze Frankreichs sein. Diese Frauen haben sich allesamt nicht nur in harten innerparteilichen Auseinandersetzungen durchgesetzt, sondern auch der übermächtigen linken Phalanx die Stirn geboten.

Dieser fulminante Erfolg von Frauen in freiheitlichen, patriotischen und konservativen Parteien hat seine Ursache darin, dass diese eben nicht feministisch sind. Das mag auf den ersten Blick paradox erscheinen, ist aber auf den zweiten Blick völlig einleuchtend. Während in linken Parteien Frauen mit Quoten auf dem Frauenticket aufsteigen und nicht mehr tun müssen, als sich auf ihr Geschlecht zu berufen, werden Frauen auf der rechten Seite nicht für ihr Geschlecht, sondern für ihre Leistung und ihre Überzeugungen gewählt. Das bringt einen anderen Typ von Politikerin hervor, eben jene Mutfrauen, die in diesem Buch eine Stimme bekommen und trotz aller Anfeindungen ihren Weg in die AfD gefunden haben.

Beatrix von Storch
Bundestagsabgeordnete

Was sind Mutfrauen?

Was ist Mut? Was ist eine Frau? Was sind Mutfrauen? Zumindest Zweiteres konnte man vor wenigen Jahren noch völlig frei und unbefangen beantworten. Heute muss man damit rechnen, auf die Antwort zu dieser Frage niedergemacht und aggressiv angegangen zu werden. Physische Gewalt kann dabei ebenso das Mittel all jener sein, die Gewissheiten aus Jahrtausenden Menschheitsgeschichte tilgen wollen, wie die Vernichtung der sozialen Existenz.

Was ist eine Frau? Diese Frage bewegt offenbar. Stellt man sie der Suchmaschine Google, so erhält man ungefähr 2.800.000.000 Ergebnisse im Juni 2024. Zum Vergleich: Im August 2023 lag die Trefferzahl bei ungefähr 2.190.000.000 Ergebnissen. Es ist allem Anschein nach keine einfache, sondern eine sehr komplexe Frage. Um zu vergleichen, fragt man statt nach „Frau" nach „Mann", ist die Trefferquote deutlich bescheidener mit ungefähr 844.000.000 (Stand Juni 2024).

Das linke politische Spektrum mit dem Ziel der Dekonstruktion aller Gewissheiten und von allem, was für die große Mehrheit der Menschen Lebensrealität ist, definiert Frauen nach Belieben um. Biologie zählt ebenso wenig wie das gesellschaftliche Empfinden. So kann nach linker Deutung jeder alles sein. Ganz nach Lust, Laune und Tagesform lässt sich unverbindlich alles durchwechseln, wie es gerade passt und möglicherweise Vorteile bietet. Eben jeder kann auch eine Frau, neuerdings auch eine Person mit „Bonusloch" oder auch Mensch ohne Penis, kurz MOP getauft, oder auch ein Mann sein. Oder eines der zahlreichen und stetig sich mehrenden „diversen Geschlechter". Jede sexuelle Neigung darf auch ein Geschlecht werden. Je nach Zählweise landet man zum Ende des Jahres 2023 bei 60 bis 72 an der Zahl – Tendenz steigend. Kurzum, die politische Linke definiert die Frau einfach weg. Es sei denn, es ist Krieg. Dann gilt plötzlich wieder die „altbackene" Mehrheitssichtweise.

Es ist dann auch bezeichnend, wenn vorgeblich bürgerliche Kräfte wie CDU/CSU nicht mehr die Frage nach der Zahl der Geschlechter zu beantworten wissen. So bittet eine CSU-Politikerin auf der Plattform „Abgeordnetenwatch" im August 2021 um Verständnis, diese Frage nicht beantworten zu können. Auch CDU-Chef Friedrich Merz beantwortet die Frage nach der Zahl der Geschlechter mit „mindestens zwei" (Neue Zürcher Zeitung, 2022). In der Ampelkoalition schließt sich die früher bürgerliche FDP auch bei diesem Thema den Forderungen der Grünen als meinungsweisender Kraft an und macht applaudierend alles mit.

Es fällt auf, wie offensiv und omnipräsent das Thema „Gender" von den linken Parteien betrieben wird. Themen, welche den teilweise mittlerweile ehemaligen Wählern dieser Parteien wichtig sind, kommen kaum noch vor und fristen ein kümmerliches Schattendasein am Rande. Die übliche bürgerliche Feigheit und eine beängstigende Gefallsucht von Union und FDP gegenüber den Grünen führen dazu, dass die Ideologie des „Gender" mittlerweile alle Lebensbereiche angreifen und die Gesellschaft zersetzen kann. Dies hat eine Polarisierung, die den Akteuren entweder egal oder willkommen zu sein scheint, zur Folge. Das mag auch an den horrenden und steil wachsenden Summen an Steuergeldern liegen, die regierungsnahe Nichtregierungsorganisationen für die Verbreitung des „Gender" beziehen, und an den vielen gut bezahlten Positionen rund um das Thema in Behörden, öffentlichen Medien und Ministerien.

Gleichzeitig ergibt sich ein scheinbarer Widerspruch darin, dass genau diese Parteien Einwanderung von Menschen aus Kulturkreisen mit erheblichen Steuermitteln fördern, in denen sehr wohl definiert ist, was eine Frau ist und wie diese zu sein hat und welchen geringen Stellenwert sie in diesen Kulturkreisen einnimmt. Zwangsehen,

Kinderehen, Genitalverstümmelungen und die Erosion der Sicherheit sind ein bedrohliches und zugleich weitgehend tabuisiertes und verschwiegenes Ergebnis dieser Politik.

Und was ist eigentlich Mut? „Denn nichts ist schwerer und nichts erfordert mehr Charakter, als sich in offenem Gegensatz zu seiner Zeit zu befinden und laut zu sagen: Nein." Das bekannte Zitat des linken Gesellschaftskritikers Kurt Tucholsky aus der „Weltbühne" von 1921 scheint immer noch brandaktuell. Auch wenn Tucholsky vermutlich mit der linken Politik von heute sein Grausen hätte.

Politischer Mut ist die „[grundsätzliche] Bereitschaft, angesichts zu erwartender Nachteile etwas zu tun, was man für richtig hält", lehrt ein Blick ins Wörterbuch über die Bedeutung von Mut im politischen Kontext und bestätigt damit Tucholskys Sichtweise.

Verlangt also ein politisches Engagement bei den Grünen Mut? Es erfordert Angepasstheit. Hält man Rituale, Tabus und Floskeln ein, kann man dort auch ohne Eignung allein mit dem Merkmal „Frau" – also auch als „Frau mit Penis" – dank leistungsfreier Quotenregelung sehr weit kommen. Dies gilt auch für die SPD und, wenngleich auch wegen anhaltender Erfolglosigkeit mit Abstrichen, für die Linkspartei. FDP und Unionsparteien folgen wie üblich den Grünen, wenn auch zeitversetzt.

In Deutschland wird es von manchen Menschen als mutig betrachtet, Mitteilungen der Regierung zu verbreiten, dem Tagesschaukommentator unreflektiert nach dem Mund zu reden und nur in einem engen Denk- und Meinungskorridor zu bleiben. Besonders absurd mutet es dann an, wenn dies von dafür bezahlten Personen und Organisationen getan wird und diese dann mit Auszeichnungen und weiterem Geld beglückt werden. In der SPD wird dieses an sich untertänige Verhalten oft als „Haltung" positiv dargestellt, wofür man „Gesicht zeigen" und „mutig" sein müsse. Das Wort „Mut" wird hier in Orwell'scher Weise mit den konträren

Begriffen Konformismus und Opportunismus auf irreführende Art gleichgesetzt.

Mutig hingegen ist es, sich nicht in den gut situierten avantgardistischen Kreisen, sondern in der Opposition zu engagieren. Wer nicht sagt, was gewünscht und verordnet ist, wer den eigenen Kopf anstrengt, wer Rückgrat vorweisen kann und wer es wagt, im Widerspruch zur autoritären Obrigkeit zu stehen und eben „Nein" zu sagen, der braucht sowohl Charakter als auch viel Mut.

Doch was treibt Menschen an, mutig zu sein? Wäre es nicht bequemer, alles laufen zu lassen? Vielleicht noch zu schauen, dass man selbst gerade so gut durchkommt? Diese Strategie mag einige Zeit gut funktioniert haben. Die linke Politik der letzten Jahre greift jedoch mehr und mehr in die Grundfesten der Gesellschaft, ins privateste Umfeld, in die Identität der Menschen ein. Selbstverständlichkeiten gelten nicht mehr. Verlässlichkeit, Planbarkeit und ein Vertrauen, irgendwie werde man in Berlin doch noch vernünftig handeln, sind passé. Was früher Satire war, wird heute oft von der Realität übertroffen. Gibt es eine neue Nachricht, muss man häufig genug schauen, ob diese echt ist oder nicht doch nur ein launiger Spaß. Oft genug ist es erschreckend bitterer Ernst. Die Belange der großen Mehrheitsbevölkerung werden zu Gunsten ungebändigter und unbezahlbarer ideologischer Projekte übergangen. Zu diesen Projekten gehört auch die angesprochene Wegdefinierung der Frau. Wer nicht mitmacht, muss Nachteile befürchten. War es früher noch möglich, sich neutral zu verhalten, so ist heute schon verdächtig, wer nicht eilfertig applaudiert.

Im vorliegenden Buch kommen Frauen aus der Alternative für Deutschland zu Wort und erklären, weshalb sie sich alternativpolitisch engagieren. Es geht um ihre Beweggründe, Anliegen, Themen, Ziele und auch Erfolge. Es erfordert heute wieder Mut zu widersprechen und sich alternativpolitisch zum Wohle unseres

Gemeinwesens, für unsere Demokratie und unsere Heimat einzusetzen. Und es ist mutig, dies als Frau, die eine Frau sein will, zu
tun. Dieses Buch zeigt die Geschichten mutiger Frauen. Geschichten nicht aus dem linken Elfenbeinturm, sondern direkt aus dem
Leben. Geschichten von echten Mutfrauen.

Stephan Schwarz
Herausgeber

Laleh Hadjimohamadvali

Mein Name ist Laleh Hadjimohamadvali, kurz auch Laleh Vali. Ich bin 1972 im Iran, in Teheran, geboren – in einem Land, in dem die Frauen bereits im Jahre 1963 das Wahlrecht bekamen, während die Frauen in der Schweiz bis 1971 darauf zu warten hatten. Ein Land, in dem der Perser-König Kyros im Jahr 538 v. Chr. die ersten Menschenrechte niederschrieb, alle Menschen unabhängig von ihrem Glauben gleichstellte und Sklaverei ächtete.

Iran war Mitte des 20. Jahrhunderts ein aufstrebendes Land mit unermesslichen Freiheiten, westlich orientiert. Der Bildung waren keine Grenzen gesetzt. Ob arm oder reich, ob Mädchen oder Junge, alle genossen Gleichbehandlung. Die Schulen waren gut aufgestellt. Essen und Trinken stellte man den Schülern kostenfrei zur Verfügung. Kein Kind sollte sich je benachteiligt fühlen.

Iran hatte einen der fortschrittlichsten Männer der Geschichte als sein Oberhaupt. Ein Visionär ohne Gleichen. Er wollte, dass den Iranern die Erlöse aus dem Öl-Handel zugutekommen.

Ein Iraner sollte in SEINEM LAND so frei, geborgen und gut versorgt sein, dass er es nie verlassen musste, um etwas zu erreichen. Flächendeckende Krankenversicherung für jeden einzelnen Bewohner des Landes und die besten Verhältnisse zu anderen Ländern waren das Ziel.

Eine gesunde Wirtschaft, eine stabile Währung und Handel auf Augenhöhe. All das und noch viel mehr wollte der Schah für den Iran und dann kam Khomeyni.

Als der Schah mit Tränen in seinen Augen und einer Handvoll Erde das Land verließ, verließ auch das Licht den Iran. Die Menschen flohen um ihr Leben, war doch von der einstigen Heimat nichts mehr geblieben.

1986 floh auch ich mit meiner Mutter vor der iranischen Hezbollah, um am Leben bleiben zu können. Unsere Verstecke haben die Handlanger der Mollahs schnell ausfindig gemacht und unseren Unterstützern das Leben zur Hölle gemacht, bis uns NIEMAND mehr aus Angst ums eigene Leben und das seiner Familie aufnehmen wollte.

Mit einem Touristen-Visum und einer gefälschten Ausreiseerlaubnis meines Vaters, als Besitzer meiner Mutter, flogen wir nach Frankfurt, beantragten Asyl und kamen in das Saarland.

Ich werde die Angst nie vergessen, die ich an der Grenze empfunden habe. Erwischen und hängen sie uns? Überleben wir das?

***

Am Anfang versteckte ich mich, wenn ich ein Polizeiauto sah. Ich griff nach meinem Kopftuch und zitterte vor Angst, da mein Kopf nackt war. Es dauerte einige Minuten, bis ich wieder zu mir kam. Das ist nicht der Iran. Hier würde mich die Polizei nicht nach Belieben mitnehmen, foltern und vergewaltigen. Hier würden mich die Basidji (iranische Miliz) nicht mit Seilen fesseln, mich in einen Sack stecken, bis zum Hals einbuddeln und dann jene Steine werfen, welche die iranische Regierung via „Stein-Katalog" für gut befindet. Nicht zu groß, damit die Frau nicht zu schnell stirbt. Nicht zu klein, sonst sind die Schmerzen nicht groß genug. Hier werde ich nicht hingerichtet, da ich nach einer Vergewaltigung unehelichen Sex hatte.

Nach und nach gewöhnte ich mich an Deutschland und meine Freiheiten als Frau. Ich genoss mein Leben in vollen Zügen. Suchte mir DIE Arbeit aus, welche ICH ausüben wollte, DIE Wohnung, in der ICH leben wollte, DIE Kleider, welche ICH tragen wollte. Ich reiste so viel, wie nur möglich war. Ich entschied für mich selbst. Fern der Scharia entdeckte ich meine Rechte als Frau. Es war, als ob mir Flügel gewachsen wären. Diese unbändige Freiheit versetzte mich in einen Rausch. Ein Himmelreich an Möglichkeiten und ich mittendrin.

So verliebt, wie ich in mein neues Leben war, so schuldig fühlte ich mich auch.

Ich war entkommen und sie nicht.

Ich war frei, sie gefangen.

Ich hatte eine Stimme, ihre Stimmen waren verstummt.

Stets war ich darauf bedacht, mich an die neue Heimat anzupassen, ohne die einstige zu vergessen. Iraner waren mein Volk, Deutsche gaben mir Zuflucht und die Chance auf ein Leben in der Freiheit.

Höre ich heute die persische Nationalhymne, versinke ich in einem Meer aus Glückseligkeit. Höre ich die deutsche, empfinde ich Demut und Dankbarkeit.

Die Liebe zum Iran habe ich nie verloren. Aus welchem Grund soll Deutschen die Liebe zu ihrer Heimat verwehrt bleiben?

Menschen verbiegt man am besten langsam. Nach und nach, so, dass sie nicht zerbrechen. Erwärmt man ihr Herz, sind sie auf eine Art dafür empfänglich, welche alles andere in ihrer Umgebung für eine kurze Zeit ausblendet.

Ein Volk löscht man aus, indem man ihm die Sprache, seine Kultur und Werte nimmt. SO nimmt man meiner Meinung nach immer mehr von Deutschland, ohne einen einzigen Gedanken daran zu verschwenden, wer dieses einst sichere Land aufgebaut hat, das so vielen Menschen, wie auch mir, Asyl gewährte.

Was bleibt zurück, wenn alles bis zur Unkenntlichkeit verändert und verbannt worden ist?

Dankbarkeit, Anpassung, Respekt und Integration, und zwar aus eigenem Antrieb, sind die richtige Antwort, wenn man hier Schutz bekommt, braucht doch die Integration nichts als einen Willen, und nicht Animateure, finanziert mit dem Geld der Steuerzahler.

Geht es nach den Helden-Romantikern, sollte die ganze Welt, ob schutzbedürftig oder nicht, nach Deutschland kommen, damit SIE sich in Szene setzen können, damit SIE Finanzierungen für Integrationsbeiräte und -kurse sowie Dolmetscher beantragen können. Leider hört ihre „Güte" gleich nach der Einwanderung auch schon auf. Einen richtigen Plan, wie man diese Menge an Menschen unterbringen soll, haben sie nicht.

Es fehlt an Wohnraum, adäquater Arbeit, sofern der Wille dazu vorhanden, an Kitaplätzen, Erziehern, Lehrern, Pflegekräften, Ärzten, Krankenhäusern, Medikamenten, an Perspektiven für Klein und Groß.

Wer es wagt, seine Meinung offen auszusprechen, wird in die rechte Ecke geschoben. Erst recht ein Asylant! Gott bewahre, wenn sie ihr Leben selbst bestimmen wollen. Fehlt den Helden-Romantikern das Publikum, wird die Aufmerksamkeit fehlen. Die Sendezeiten und Demos, in denen man sich hervorheben kann, und die durch eine Flüchtlingsindustrie geschaffenen Jobs verschwinden von der Bildfläche, sollte der Flüchtling eigenständig werden.

Wie gut, dass man in dieser Phase die Mittel zur Bekämpfung der „rechten Szene" für sich entdeckt hat. Was im Iran der „Kafer"

(Ungläubiger) ist und mit ALLEM bekämpft werden darf, ist hier der selbständig denkende Mensch. Er wird zum bösen „RECH-TEN" gemacht, denn DANN darf auch ER mit allen Mitteln bekämpft werden. Man hat sich diese Mittel sozusagen selbst erwirtschaftet.

Mit dem neuen Klimagott an ihrer Seite werden sie den iranischen Basidjis immer ähnlicher, schließlich werden diese von den Besten beraten. Während ein Verwandter Khomeynis Frau Baerbock als Außenministerin berät, hat die iranische Regierung seinen Chef-Mollah in Hamburg platziert und verkündet voller Stolz, man hätte das wichtigste schiitische Zentrum in Deutschland errichtet. Eine blaue Moschee unter der Beobachtung des Verfassungsschutzes. Mal offen, mal geschlossen, jedoch nie untätig.

So ist es auch kein Wunder, dass jüngst jenen Iranern die Tür zum Auswärtigen Amt verschlossen blieb, welche ein T-Shirt mit der Aufschrift „zan zendegi azadi" (Frau Freiheit Leben) trugen. Ein Tag der offenen Tür, nur nicht für Menschen, welche sich für ihr Land und die Rückkehr dahin stark machen. Nein! Sie braucht man nicht. Sie schaden der Maschinerie der Helden-Romantiker. Mit ihnen lässt sich kein Geld verdienen.

Nach 37 Jahren im Exil weicht meine Euphorie einer immensen Ratlosigkeit. Einst verliebte ich mich in Saarbrücken mit seinem französischen Flair, in seine Sicherheit und endlose Freiheit. Heute wird Saarbrücken als die Amphetamin-Hauptstadt Deutschlands bezeichnet. Die Feste müssen durch Anti-Terror-Absperrungen beschützt werden. Der Drogenhandel findet sichtbarer auf den Straßen statt als je zuvor. Die Nachrichten über Messerstechereien nimmt man stumm hin.

Die Leichtigkeit und das Lachen sind zunehmend aus den Gesichtern verschwunden und haben ihren Platz der Sorge um die Zukunft überlassen.

Ähnlich einer Fatwa werden jene Regeln geändert, welche sich jahrelang als sinnvoll erwiesen hatten. Offene Diskussionen sind offenen Feindschaften gewichen.

Früher hieß es im Iran: „Sag nichts, damit es keinen Ärger gibt!" Heute sagt man das in Deutschland.

Während die Kinder Irans alles versuchen, um an Bildung zu gelangen, um sich damit eine sichere Zukunft aufzubauen, schwänzen die Klima-Jünger die Schule und erweisen ihrer Klima-Gottheit die Ehre. Nach ihren Demonstrationen sind die Straßen mit Müll übersät.

Man fällt Bäume zugunsten der Windräder, bekämpft die Auto-Industrie, richtet eine 30er-Zone nach der anderen ein und verliert nicht einen einzigen Gedanken an die Zukunft. Die E-Mobilität ist die drakonische Opfergabe an ihren Gott, ihre Freikarte in den Klima-Himmel. Durch welche Hölle jedoch jene Menschen zu gehen haben, welche die Metalle für ihre „saubere" Umwelt beschaffen müssen, DAS fällt unter den gewaltigen Deckmantel der Neu-Helden. Darüber spricht man lieber nicht. Das verdüstert das Bild der heilen Welt. Die Meinungsfreiheit hat man gut unter Kontrolle, die Ketten halten.

Wie schön wäre es, wenn sich alle Menschen an „gute Gedanken, gute Worte und gute Taten" halten würden. Wie schön wäre eine offene und friedliche Welt, wenn ALLE die Kultur, Sprache und den Glauben des anderen respektieren und bewahren würden. Wie schön wäre es, wenn Deutschland wieder Deutschland und der Iran wieder Iran wäre! Bekannte Gesichter, so heißt es, erkennt man in der Menge eher wieder. So erkenne ich in der Menge und an den Gegebenheiten in Deutschland Handlungsbedarf.

2015 fand ich meine politische Heimat in der AfD. Eine Partei, so vielfältig und offen, wie ich mir die Gesellschaft wünschen würde.

Kaum jemand spricht über die Menge an Ausländern, welche sich für die AfD und damit FÜR Deutschland stark machen. Warum denn auch? Sie machen das Geschäft der Helden-Romantiker kaputt. Nur ein hilfloser Ausländer ist für sie ein guter Ausländer.

– Wenn ich eine Frau, eine Mutter bleiben will, gibt es kaum einen anderen Weg.

– Wenn mein Körper und meine Rechte mir gehören sollen, gibt es auch dann kaum einen anderen Weg.

– Wenn ich als Frau wegen meines Könnens und meiner Leistungen Fortschritte machen will, kenne ich keinen anderen Weg.

– Wenn ich meinen Platz nicht einem Mann in Frauenkleidern räumen will, ehrlich gesagt sehe ich keinen anderen Weg.

Seit acht Jahren entdecke ich keinen anderen Weg, um ich selbst zu bleiben.

Die Mitgliedschaft in der AfD war die richtige Entscheidung.

Hinter jeder starken Frau steht eine andere starke Frau.

Laleh Vali

Leyla Bilge

Leyla Bilge, Jahrgang 1981, ist eine deutsche, aus der Türkei stammende Menschenrechtsaktivistin mit kurdischen Wurzeln, die sich besonders für Frauen und Kinderrechte und verfolgte Christen und Jesiden einsetzt. Geboren wurde Leyla Bilge in Idil, einem der ältesten christlichen Orte der Welt – neben Jacques Behnan Hindo (1941–2021), syrisch-katholischer Erzbischof von Hassaké-Nisibi, zählt sie zu den bekanntesten von dort stammenden Persönlichkeiten. Sie ist Parteimitglied der AfD und organisierte 2018 den Frauenmarsch in Berlin, wo sie auch lebt und arbeitet.

***

Seit 2010 kämpfe ich in Deutschland gegen sexuellen Missbrauch von Kindern. Ich begleite Missbrauchsopfer zu Gerichtsterminen, zur Polizei und zu Psychologen. Durch meine Reisen in die Krisen- und Kriegsgebiete im Nahen Osten habe ich viel Leid gesehen, bis hin zu Frauen, die vom Islamischen Staat als Sexsklavinnen gehalten wurden und entfliehen konnten. Ich half im Irak, der Türkei und in Syrien geflohenen, christlichen und jesidischen Frauen und Kindern, die auf Sex-Sklavenmärkten wie Vieh verkauft worden waren.

Ich bin aber gedanklich auch bei den Menschen, die dank der völlig verfehlten Politik der Altparteien ihrer Zukunft und ihres Lebens beraubt wurden. Ich werde sie nie vergessen.

Durch mein persönliches Erleben bin ich stark geworden, denn meine Freiheit und Kindheit verlor ich durch eine Kinderehe. Meine Cousine verlor ich durch einen sogenannten Ehrenmord. Ich kam selbst als Flüchtlingskind nach Deutschland. Ich weiß, wie gefährlich und brutal es ist, wenn ein islamisches System das Sagen hat und ich erkenne mit Schrecken den Prozess der Islamisierung auch in Deutschland. Vorangetrieben und erleichtert wird dieser Prozess durch den von linken Kräften geförderten Werteverfall in Deutschland. Damit wird dem autoritären Islam der Boden bereitet. Linke sagen, es wäre kulturelle Bereicherung. Für mich ist es ein Alptraum, der blanke Horror, den wir in den Ländern des Nahen Ostens und in Afrika tagtäglich erleben und dem insbesondere Frauen schutzlos ausgeliefert sind.

„Frauen sind kein Freiwild", stand 2018 auf den Bannern der Frauenmärsche, mit denen ich vor der Massenmigration aus archaischen Ländern gewarnt habe. Die Opfer dieser verfehlten Einwanderungspolitik sind ungezählt und oft namenlos. Auch genau deshalb habe ich ebenfalls im Jahr 2018 in Berlin die erste Demonstration gegen den UN-Migrations- und Flüchtlingspakt in Deutschland organisiert. Dieser Pakt und ähnliche Dokumente, welche angeblich nicht verpflichtend sein sollen, ebnen der Einwanderung in die deutschen Solidarsysteme den Weg und schaffen Raum für staatlich alimentierte Vollzeitaktivisten, die dann die gewonnenen Ressourcen an Zeit und Geld nutzen, um mitten in Europa die

Kultur, vor der sie angeblich geflohen sind, zu etablieren. Für diese Entwicklungen sind Linke blind. Sie haben alle nicht aufgepasst, was den Linken im Iran blühte, nachdem dort das Mullah-Regime an die Macht kam. Diese Geschichtsvergessenheit ist verblüffend. Verblüffend naiv und damit für unser Land, unsere Heimat, meine Heimat, die mir als Kind Schutz bot, brandgefährlich. Neben Frauen werden mittlerweile nun auch immer mehr Lesben und Schwule Opfer dieser Gewalt.

Gerade hier in Berlin, wo doch alle immer so bunt sein wollen, wird es allmählich recht monoton und kriminell. Doch weder der mit viel Steuergeld finanzierte sogenannte Queerbeauftragte noch das ansonsten doch immer so empörte woke Justemilieu der Linksgrünen wagen es, sich zu der Entwicklung und zu den Hintergründen und Motiven der Täter zu äußern. Ganz im Gegenteil, sie greifen noch jene an, die auf die Probleme hinweisen. Wegschauen bereitet auch hier der Gewalt den Weg.

Weggeschaut wird auch bei Kinderehen und Zwangsehen meist minderjähriger sehr, sehr junger Mädchen. Gleiches gilt auch für das Thema der Geschlechtsverstümmelung, wenn jungen Mädchen, oft im Alter zwischen acht und zehn Jahren, also vor der Regelblutung, die Schamlippen abgeschnitten werden. Die Klitoris wird komplett mit einer Rasierklinge weggeschnitten und die Vagina bis zur Hochzeitsnacht (Zwangsehen) zugenäht. Genitalverstümmelung ist das Schlimmste, was man einem Mädchen antun kann. Der Rechtsstaat kuscht hier vor den Linken und schaut „kultursensibel" weg. So werden zivilisatorische Errungenschaften einer vermeintlichen Toleranz geopfert. Bezahlt wird diese blutige Rechnung zuerst von den Frauen und Mädchen und am Ende von uns allen.

Wir als AfD kämpfen für die sichere Zukunft unserer Heimat, unserer Kinder. Unsere Aufgabe ist es, unser Land zu schützen, auch und vor allem für unsere Kinder und für deren Kinder. Als Mutter weiß ich, dass es nichts Wertvolleres und Schützenwerteres gibt als unsere Kinder. Aber auch die Regierung hat unsere Kinder im Blick. Sie scheint fest in der Hand einer familien- und wertefeindlichen LGTBQ- und Gender-Lobby zu sein. Will sie uns unsere Kinder entfremden, um sie für ihre Ideologie einzuspannen? Wir dürfen unsere Kinder dieser Gefahr nicht aussetzen!

In den Parlamenten werden wir laut und klar die traditionelle Familie verteidigen und den Schutz unserer Kinder vor Indoktrinierung und vor den Perversitäten einer in Teilen pädophilen, sogenannten queeren Community fordern. Davor, dass Dragqueens Vorschulkindern erklären dürfen, dass es völlig normal ist, dass man nicht weiß, ob man Mädchen oder Junge ist. Davor, dass es Normalität wird, dass Kinder sich nicht mehr als Indianer verkleiden dürfen, aber es dafür mitansehen müssen, wenn Männer mit Perücken die Hosen runterlassen und Halbnackte im Lack-Hundekostüm an der Leine durch Deutschlands Straßen geführt werden!

Ich weiß, wovon ich rede, ich bin Zeitzeugin, ich bin echt, und ich war bereits vor der Gründung der AfD politisch aktiv, wenn auch in keiner Partei. Ich bin nicht hier geboren, aber Deutschland ist meine geliebte und meine einzige Heimat geworden. Und ich ertrage es nicht, was gerade aus dieser meiner Heimat wird!

Wir werden dafür kämpfen, dass werdende Mütter nicht zu „gebärfähigen Körpern" herabgewürdigt werden, dafür, dass Kinder mit der einzigen Wahrheit aufwachsen, die es gibt: Es gibt nur zwei Geschlechter.

Ich möchte ein Deutschland, in welchem es am Ende nicht zum Kampf zwischen den autoritären Strömungen der „Links-woken" und dem politischen Islam um die Herrschaft kommt. Nein! Ich will ein Deutschland der Freiheit, der Demokratie und der Rechtsstaatlichkeit, wo Familien wertgeschätzt und geschützt ein gutes

Leben haben. Dafür setze ich mich ein. Dafür engagiere ich mich alternativpolitisch mit ganzem Einsatz, mit all meiner Kraft und meinem Mut und meinem Herzen!

Meinen Kindern soll es einmal besser gehen als mir.

Leyla Bilge

Nihal Sariyildiz

Ich heiße Nihal Sariyildiz, übersetzt: Mondschein Gelbstern. Im Jahre 1976 wurde ich im Tal des Taurusgebirges (Türkei) geboren. Als ich mitten im Winter den Anruf von Stephan Schwarz bekam, dass er mich gerne in seinem Buch haben möchte, hätte ich niemals gedacht, dass wir in Mannheim einen Polizisten durch islamistischen Terror verlieren würden. Rouven L., mein Held. Diese Zeilen widme ich Dir.

Kurz nach meiner Geburt zogen wir in die Großstadt Adana. Eine moderne, offene, westliche Stadt, die mit dem restlichen Anatolien nichts zu tun hat.

In den 1970er Jahren war politisch gesehen eine äußerst turbulente Zeit. In der Türkei drohte ein Bürgerkrieg zwischen linken und rechten Kräften. Mein Vater, der stets konservativ-kemalistisch rechts eingestellt war, engagierte sich ebenfalls politisch. Angesichts der sich verschlechternden wirtschaftlichen Situation entschied er sich schließlich dazu, als Gastarbeiter nach Deutschland zu kommen. Hier baute er sich ein neues Leben auf und holte schließlich auch seine Familie nach Deutschland.

Ich wurde in der Türkei 10 Jahre lang mit kemalistischen Ideologien erzogen, sowohl in der Schule als auch zu Hause. Meine Familie war nicht islamisch geprägt, was hauptsächlich auf den Kemalismus zurückzuführen war. Mit 10 Jahren kam ich dann nach Deutschland und war gespannt auf das neue Leben. Ich wusste aus Geschichtsbüchern, dass das Osmanische Reich im Ersten Weltkrieg mit dem Deutschen Kaiserreich verbündet war.

Kemal Atatürk kämpfte gemeinsam mit dem Münchener General von Sanders an allen Fronten gegen den Rest der Welt. Mein belesener Vater war sich dessen bewusst und hatte daher großen Respekt vor den Deutschen. Der Film über die Schlacht von Gallipoli mit Mel Gibson in der Hauptrolle aus den 80er Jahren ist eine bekannte Produktion.

Am ersten Schultag lernte ich aufgeregt meine Mitschüler und meine Deutschlehrerin kennen. Sie gab mir zwei Bücher zum Lesen und betonte die Bedeutung des Lesens für das Erlernen der deutschen Sprache. Diesen Ratschlag beherzigte ich und verbrachte nach der Schule viel Zeit in der Bibliothek, wo ich auch auf Friedrich Schiller stieß. Seine Gedichte faszinierten mich und seine Liebe zum Vaterland.

Ich lernte die deutsche Sprache sehr schnell. Jeden Abend las ich meinem Vater aus der Zeitung vor. Dadurch lernte ich viel über deutsche Politik und Geschichte. Mein Vater ergänzte und erklärte mir viel über Politik. Er mochte Helmut Kohl, Hans-Dietrich Genscher, Helmut Schmidt und Konrad Adenauer sehr gerne.

Ich habe mein Abitur gemacht und beschlossen, Jura in Jena zu studieren. Ich wollte Schiller näher sein, der jahrelang als Professor an der Universität Jena Vorlesungen gehalten hatte. Aus persönlichen

Gründen konnte ich meine Träume in Jena nicht verwirklichen. Heute denke ich immer noch mit Wehmut an die Vergangenheit zurück. Ich habe eine Ausbildung als Handelsfachwirt in einem renommierten deutschen Unternehmen absolviert und arbeite seitdem auch als Designerin.

Am 11. September 2001, als der Anschlag auf das World Trade Center stattfand, hatte ich zwei Tage zuvor den Turm besucht. Die schockierenden Bilder haben mich sehr erschüttert. Seitdem habe ich die Politik besonders aufmerksam verfolgt. Der politische Islam gewann zunehmend an Einfluss in meinem Heimatland. Ich konnte auch beobachten, wie sich die türkischen Gastarbeiter hier veränderten, nicht nur die erste Generation, sondern auch meine Altersgruppe.

Als ich junge Frauen beobachtete, die als Mädchen die islamische Kleidung ablehnten und heimlich westliche Kleidung trugen, um ins Klassenzimmer zu kommen, wurde ich ängstlich, als sie plötzlich begannen, die Kopftuchmode der Familie Erdogan zu imitieren. Sie übernahmen die Rolle ihrer Mütter und vermittelten den Kindern auf diese Weise ein positiveres Bild des Islam.

Ab 2015 beobachtete ich eine unheilvolle Veränderung in Deutschland, das Land, das ich so sehr liebe. Es fiel mir auf, dass immer weniger türkische Frauen westlich gekleidet waren. Unter den Gastarbeitern schien eine neue Ideologie zu entstehen: die Neuosmanen. Diese sehnten sich nach der glorreichen Zeit des Osmanischen Reichs. Die Frauen begannen, lange Gewänder aus dieser Epoche zu tragen, während die Männer sich osmanisch geprägten Schmuck und Bartgestaltungen zulegten. In den Straßen Mannheims hörte ich immer mehr die arabische Sprache.

Ich beobachtete, wie immer mehr Männer in Gruppen aus fremden Kulturen durch die Straßen zogen und mit gierigen Blicken die deutschen Frauen förmlich auszogen. Ich spürte die Gier in ihren Augen und fühlte mich, als wäre ich in Anatolien. Als Almancı

Frauen fielen wir immer auf und wurden belästigt, sexuelle Anspielungen wurden gemacht. Genau dasselbe erlebte ich auch in meiner geliebten Heimat Deutschland. Die Straßen Mannheims fühlten sich plötzlich nicht mehr sicher an.

Während der Corona-Pandemie wurde mein Interesse für die AfD geweckt, als ich Politiker mit der deutschen Flagge im Hintergrund und dem Ausruf „Unser Land zuerst", „Mut zur Wahrheit" und schließlich „Der Islam gehört nicht zu Deutschland" sah. Die patriotischen Aussagen faszinierten mich und ich war begeistert von der Idee, dass die Deutschen endlich ein Bewusstsein für ihre Herkunft, ihr Vaterland und ihre Kultur entwickeln und stolz auf ihr Deutschtum sind.

Kurz darauf trat ich der AfD bei und engagierte mich so stark, dass ich in den Vorstand gewählt wurde. Als deutsche Frau mit türkischen Wurzeln wurde ich herzlich von den Parteimitgliedern aufgenommen. Innerhalb kurzer Zeit knüpfte ich zahlreiche Freundschaften in ganz Baden-Württemberg. Während des Kommunalwahlkampfs gründete ich den Infostand in Mannheim und wurde bekannt für meine Informationsstände.

Ich verfüge von Natur aus über Offenheit, Freundlichkeit und den Mut, diese Eigenschaften einzusetzen.

Kürzlich habe ich an einem Bürgerdialog der Grünen zum Thema Heimatabend teilgenommen, an dem die Grünen-Bundestagsabgeordnete Frau Sekmen teilnahm. Die Veranstaltung fand im Werkshaus des Nationaltheaters statt, wo bereits beim Empfang Musik aus Anatolien zu hören war. Dies sorgte für Verwunderung bei uns allen. Bei einem Dialog über Heimatabende dachte ich zunächst an die Musikrichtung der Kurpfalz. Doch Frau Sekmen meinte damit die Heimatstadt ihres Opas in der Türkei.

Für mich erschien es so, als würde sie versuchen, ihre Kultur anderen aufzuzwingen. Zudem forderte sie eine Entschuldigung vom deutschen Staat für die Gastarbeiter. Das konnte ich nicht nachvollziehen, da mein Vater dies nicht erwartete. Er war dankbar, dass er in diesem schönen Land arbeiten und leben durfte. Er hat nie geklagt. Selbst meine Mutter, die als Erntehelferin bei den Bauern arbeitete, war dankbar dafür.

Ich war persönlich sehr betrübt darüber, dass im Nationaltheater Mannheim keine deutsche Musik, wie beispielsweise die Ode an die Freude, sondern anatolische Musik gespielt wurde. In diesem Gebäude und in dieser Stadt war immerhin Friedrich Schiller beheimatet und führte seine Werke auf. Er hätte sich mit Sicherheit im Grab umgedreht. Frau Sekmen forderte von der deutschen Gesellschaft Respekt, Anerkennung und Verständnis für andere Kulturen, brachte jedoch selbst keinen Respekt entgegen.

Im März 2024 wurde ich zu einem Auftritt bei AfD TV in Berlin eingeladen, bei dem ich über mein Engagement für die AfD sprechen sollte. Ein Schwerpunkt meiner Arbeit ist der politische Islam, den wir in Deutschland nicht dulden sollten. Insbesondere Frauen sind von dieser rückständigen Ideologie benachteiligt, aber auch Homosexuelle und Queer-Personen.

Nach dem besagten Auftritt wurden Drohungen sowohl von Islamisten als auch von türkischen Anhängern Erdogans ausgesprochen. Kurz darauf wurden Videos veröffentlicht, in denen Islamisten zur Einführung eines Kalifats in Deutschland aufriefen. Meine Befürchtungen bestätigten sich, der politische Islam ist inzwischen präsent. Die Menschen, die aus fremden Ländern geflohen sind, kamen nicht hierher, um in Freiheit zu leben, sondern um unsere Freiheit wegzunehmen und über uns zu herrschen.

Ich hätte nie gedacht, dass ich so etwas in meinem geliebten Deutschland erleben würde. Die Ereignisse, die darauf folgten, erschütterten die ganze Welt – und ausgerechnet in Mannheim wurde ein deutscher Polizist vor laufender Kamera regelrecht von einem Islamisten abgeschlachtet. Rouven Laur, 29 Jahre jung.

Die Politik der etablierten Parteien hat versagt und sie müssen dafür zur Rechenschaft gezogen werden. Die Handlungen gegenüber dem deutschen Volk sind unvorstellbar. Es ist an der Zeit, dass sich etwas ändert. Mannheim markiert einen Wendepunkt in der deutschen Politik. Die Zeit für die AfD ist gekommen.

Nihal Sariyildiz

Ruth Rickersfeld

Mein Name ist Ruth Rickersfeld. 1966 habe ich das Licht dieser chaotischen Welt erblickt und ich bin verheiratet. Waghäusel in Baden-Württemberg ist mein Wohnort. Beruflich bin ich Verwaltungsfachwirtin im öffentlichen Dienst, was dem gehobenen Dienst als Angestellte entspricht. Berufsbegleitend habe ich bei der Verwaltungs- und Wirtschaftsakademie studiert und mit dem Diplom als Betriebswirtin (VWA) abgeschlossen.

Für die Alternative für Deutschland bin ich seit 2019 Stadträtin in der Großen Kreisstadt Waghäusel in Nordbaden und seit 2024 Kreisrätin im Landkreis Karlsruhe. Des Weiteren bin ich Zweite Sprecherin im Stadtverband Waghäusel-Philippsburg, außerdem Mitglied im Landesfachausschuss 13 (Bauen, Verkehr und Infrastruktur).

2020 wurde ich zur Ersatzkandidatin zur Landtagswahl im Wahlbezirk Bruchsal gewählt. Zur letzten Bundestagswahl trat ich für den Wahlkreis Bruchsal-Schwetzingen für die AfD als Direktkandidatin an. Mir war bewusst, dass ich keine Chance auf das Direktmandat hatte. Es wäre aber fatal gewesen, wenn die Partei keinen Kandidaten aufgestellt und somit viele Stimmen anderen überlassen hätte. Mein Ergebnis mit 11,6 Prozent war besser als der Landesdurchschnitt und meine Erststimmen waren so hoch wie die Zweitstimmen.

Sie finden mich auch über

https://www.facebook.com/RuthRickersfeld

Meine politische Ausrichtung war schon immer konservativ, auch wenn ich mich damals nie aktiv eingebracht habe.

Die alte CDU war meine politische Heimat. Sie hat in Deutschland für wirtschaftlichen Aufschwung und Stabilität gesorgt, den Menschen ging es gut und unser Land war sicher und weltweit anerkannt, ja teilweise für seine Wirtschafts- und Sozialleistung bewundert. Auch das Bildungssystem und -niveau war vorbildlich. Und die Wiedervereinigung war vom Prinzip ein Glanzstück, auch wenn es so einige Fehler in der Umsetzung gab.

Doch mit dem schleichenden Aufstieg der linkssozialistischen 68er ging es genauso schleichend bergab in unserer Republik, was durch die Gründung der Grünen offensichtlich wurde. Dann kam 2005 das große Verhängnis namens Angela Merkel als Bundeskanzlerin. 16 Jahre lang hat es die Sozialistin als Wolf im Schafspelz geschafft, nicht nur die CDU, sondern die gesamte Bundesrepublik Deutschland bis zur Unkenntlichkeit ausgesprochen negativ zu verändern. Sie hat den Weg in den Sozialismus geebnet.

Schon durch diese Entwicklung stieg in mir die Wut, sehen zu müssen, wie eine Erfolgsgeschichte zerstört und eine einst stolze konservative Partei entkernt wurde und zu einem Abnickverein à la Volkskammer verkommt. Welche Macht hatte diese Unperson über die Parteimitglieder? Das führte dazu, dass ich bereits bei der ersten Gelegenheit die AfD gewählt habe.

Und als Merkel dann 2015 völlig verfassungs-/gesetzeswidrig Tür und Tor für die Massenmigration geöffnet hatte, wurde meine ohnmächtige Wut körperlich. Ich konnte nicht mehr ruhig schlafen und bekam Magenprobleme. Irgendetwas musste sich ändern. Die Zerstörung Deutschlands konnte ich nicht so hinnehmen.

2018 habe ich dann den Kontakt zum neugegründeten AfD-Stadtverband Waghäusel-Philippsburg gefunden. Durch Schwierigkeiten in der Mitgliederverwaltung der Bundesgeschäftsstelle hat sich meine Aufnahme in die Partei leider bis zum April 2019 verzögert.

Endlich ergab sich die Möglichkeit, nicht mehr stumm und still dem Verfall zusehen zu müssen, sondern aktiv mitzuwirken und gegenzusteuern.

Von Anfang an habe ich mich im Stadtverband engagiert. Die Kandidatur 2019 für den Kreistag und den Gemeinderat war der nächste Schritt.

Für den Einzug im Kreistag war mein Listenplatz 2019 zu weit hinten. Aber in den Gemeinderat der Großen Kreisstadt Waghäusel sind ein Kollege und ich eingezogen.

Und bei der Kommunalwahl 2024 war ich sowohl für den Gemeinderat als auch für den Kreistag als Spitzenkandidatin nominiert. In Waghäusel bin ich jetzt Fraktionsführerin von vier Stadträten und im Kreistag eine von 13.

Ich stehe für Realpolitik. Das bedeutet keinesfalls Kuschelpolitik. Mit genauer Recherche und fundierten Argumenten kann man sehr gut und hart argumentieren sowie die politische Konkurrenz demaskieren. Die Bevölkerung nimmt das sehr wohl wahr, ebenso wie eine klare Haltung zu den Themen, die die Bürger betreffen. So stehe ich in Waghäusel gegen die Tiefengeothermie und für die Achtung des Ergebnisses des Bürgerentscheids, in dem die Wähler im März 2023 mit über 70 Prozent eindeutig gegen dieses Projekt gestimmt haben.

Seit Juli 2024 können wir im Gemeinderat als Fraktion auch Anträge stellen. Doch das Mittel der Anfragen nutzten wir bisher intensiv. So haben wir unter anderem bereits nach der Aufkommensneutralität der neuen Grundsteuer oder nach Sexualität in Waghäuseler Kindergärten gefragt. Leider weigert sich die Stadtverwaltung, diese Themen auf die Tagesordnung der Gemeinderatssitzung zu setzen, wie es in transparenten Gemeinden üblich ist, aber Anfragen und Antworten können Interessierte stets auf unserer Internetseite afd-waghaeusel.de einsehen. Wir machen auch immer im Gemeindeblatt darauf aufmerksam. Leider habe ich dort noch nur selten einen Bericht ohne Zensur einbringen können, sofern er kritische Inhalte hatte. Doch wir schaffen es mit unseren Pressemeldungen auch manchmal in die Lokalzeitung, die überhaupt recht neutral berichtet.

Die Wahlkämpfe für die Kommunalwahlen 2019 und 2024, gemeinsam mit dem Kandidaten für die Landtagswahl 2021 und im gleichen Jahr mein Bundestagswahlkampf, werte ich als gute und interessante Erfahrungen und auch als Beitrag zum Erfolg der Partei. Durch den direkten Kontakt mit den Wählern konnte ich sehr wohl erfahren, „wo der Schuh drückt". Es haben sich viele gute Gespräche ergeben. Informationsstände sind immer ein gutes Mittel, um Befindlichkeiten zu erfahren und auch um Mitglieder zu werben. Und im Jahr 2024 kamen die Interessenten freiwillig zum Gespräch an unsere Stände, sehr zum Leidwesen der anderen Parteien.

Ich möchte auch nicht verheimlichen, dass mir ein Wahlkampf völlig schiefgelaufen ist. Auf mehrfachen Wunsch habe ich für die Oberbürgermeisterwahl in Waghäusel kandidiert. Ich bin mir recht sicher, dass mir viele AfD-Wähler übelgenommen haben, dass ich, wie die anderen Kandidaten auch, parteilos angetreten bin. Bei der offiziellen Kandidatenvorstellung war ich eigentlich noch krank und meine Rede war entsprechend schlecht. Dann kam noch hinzu, dass viele den CDU-Kandidaten gewählt haben, damit ganz sicher nicht die Kandidaten der SPD und der Grünen gewinnen konnten. Auch so eine Erfahrung gehört zum politischen Leben. Doch davon darf man sich nicht entmutigen lassen. Es gilt zu analysieren, was gut und was schlecht war und daraus zu lernen. Wichtig ist, wieder aufzustehen und weiterzumachen.

Worauf wir stolz sind, ist die erfolgreiche Kommunalwahl 2024. Das umfasste unter anderem die Kandidatengewinnung und deren Schulung, die Organisation des Wahlkampfs und am Ende den erfolgreichen Einzug in den Gemeinderat und den Kreistag in Fraktionsstärke, so dass wir effektiv arbeiten und Anträge stellen können.

Ich bereue den Schritt, aktiv für die AfD in der Politik zu arbeiten, nicht. Ganz im Gegenteil, es geht mir gesundheitlich wieder viel besser und ich bin jetzt gestärkt und selbstbewusster. Ja, ich habe Menschen verloren, die ich Freunde genannt habe, aber ich habe auch viele interessante neue Freunde gewonnen, mit denen ich für die Zukunft Deutschlands kämpfen kann.

Parteiarbeit ist Arbeit und kostet Zeit, besonders wenn man die Gremienarbeit ernst nimmt, aber sie ist es wert. Und je mehr Parteimitglieder mitarbeiten und in den Gremien sitzen, je besser kann man die Arbeit aufteilen. Selbst wenn man nicht aktiv in die Kommunal-, Landes-, Bundes- oder Europapolitik gehen möchte, so ist auch eine Mitarbeit in den Orts- oder Kreisverbänden wichtig. Auch „hinter den Kulissen" gibt es viel zu tun.

Was ich in der AfD nicht erlebt habe ist eine Benachteiligung als Frau. Wir brauchen keine Quotenfrauen, sondern qualifizierte Mitmacherinnen und Mitmacher. Es kommt darauf an, sich mit seinen Fähigkeiten und mit Niveau einzubringen.

Ruth Rickersfeld

Martina Jost, MdL

Geboren:	1961 in Halle an der Saale
Wohnort:	Dresden
Beruf:	Diplom-Ingenieur-Ökonomin
Familienstand:	Verwitwet, 3 Kinder
Konfession:	Evangelisch

- Mitglied des Sächsischen Landtages
- Mitglied des Landesvorstands der AfD Sachsen
- Beisitzerin im Fraktionsvorstand
- Mitglied des Landesjugendhilfeausschusses
- Mitglied des Kuratoriums der Kulturstiftung des Freistaates Sachsen
- Mitglied des Ausschusses für Soziales und Gesellschaftlichen Zusammenhalt

Ich habe 2013 begonnen, mich für die AfD zu interessieren und bin 2016 in die Partei eingetreten. Meine Kinder waren damals im Studium, und ich hatte mehr Zeit, mich um politische Fragen zu kümmern. Ich bin zu verschiedenen Informationsabenden, Parteitreffen etc. gegangen und habe mich mit den dort angesprochenen Themen beschäftigt. Damit hat sich mir eine neue Welt eröffnet. Ich bin dann bei fast allen Aktionen rund um Dresden und hier in Sachsen dabei gewesen, bei Demos, bei Informationsständen, bei Diskussionen, bei der Ausarbeitung des Kommunalwahlprogramms für 2019. Damals hätte ich nicht gedacht, dass mich jemand auffordern würde zu kandidieren. Aber bei meiner Ortsgruppe mit ihren vielen und vielfältigen Aktivitäten fielen 2018 eben auch immer wieder Leute aus. Das ist normal, denn Politik „am Boden", an der Basis zu machen, ist ein aufreibendes Geschäft. Der „Aktivistenburnout" ist ja sprichwörtlich. Eines Tages haben meine Mitstreiter mich nach meiner Bereitschaft, ein Amt zu übernehmen gefragt und mich animiert, für den Landesvorstand zu kandidieren. Das habe ich dann auch gemacht und bin jetzt seit 2018 bis heute schon in der dritten Wahlperiode im Landesvorstand.

Soweit also erst einmal zu meiner Parteikarriere und Funktion. Ich sitze seit 2019 als Gesellschaftspolitische Sprecherin im Landtag und als Beisitzerin im Fraktionsvorstand. Über das Landtagsmandat ist man dann in verschiedenen Gremien organisiert bzw. wird dann von der Partei auf die ihr zustehenden Plätze vorgeschlagen und dahin gewählt. Dann muss man sich eben einarbeiten und das schafft man auch.

Hier soll es aber vor allem um die Motivation gehen, die mich zur Alternative für Deutschland gebracht hat. 2013 ist ja die AfD gegründet worden und hat von Anfang an, damals noch als Professorenpartei, sehr, sehr viel Interesse geweckt. Und das natürlich auch bei mir. Man hat es im Fernsehen verfolgt, man hat Vertreter der

Partei gesehen, die damals auch noch oft in Talkshows eingeladen wurden, was später und bis heute ja kaum mehr vorkommt. Der Mainstream zelebriert da sorgfältig seine Ausschlussmechanismen.

Der Anlass, mich in der Partei zu engagieren, war zunächst überwiegend Besorgnis um die sich verdüsternde wirtschaftliche Lage Deutschlands: vor allem die Eurokritik und die dahinterstehenden ökonomischen Ansätze, die deutlich gemacht haben, dass man die Währungen in den Südländern nicht mehr abwerten kann, dass Deutschland für die Kredite gradestehen muss, die Finanzkrisen, die Verschuldung. Das habe ich damals mit meinem Mann viel diskutiert. Wir waren uns einig, dass die Einheitswährung eine Fehlentscheidung war, ebenso wie die Ausweitung der gesetzlichen Rahmenbedingungen dergestalt, dass die Verschuldungsgrenze von 3 Prozent nicht mehr eingehalten wurde. Das war also so der Anfangsimpuls.

Man hat schon damals gesehen, dass die AfD auch aufgrund ihrer Kritik an dieser selbstmörderischen Wirtschaftspolitik einfach in eine bestimmte Ecke geschoben wurde. Ich empfand das auch als Herausforderung, die ich annehmen wollte. Wir Ostdeutsche kennen das ja aus der DDR, wenn da Leute diskriminiert worden sind. Wir wissen, wie diese Mechanismen ablaufen. Als Jugendliche hat das bei mir als Reaktion immer die Solidarität herausgefordert. Und so habe ich auch hier reagiert. Es war ja auch offensichtlich: Das sind vernünftige Leute, die haben was zu sagen. Schon 2014 bei den Europawahlen war die Alternative sehr erfolgreich, auch die Gegner kamen dann nicht mehr drum rum, das zur Kenntnis zu nehmen. Die Strukturen sind von einer ganzen Menge Leute mit viel Fleiß und Herzblut aufgebaut worden: in der kurzen Zeit eine einmalige Leistung. Das wird es in Deutschland so schnell nicht wieder geben. Unglaublich anerkennenswert, und ich weiß noch, mit wie viel Richtungsstreit und internen Kämpfen das verbunden war. Sicher ist, dass man nie hundertprozentig mit allem und allen Parteitagsbeschlüssen, die dann ins Programm einfließen, einverstanden ist. Aber die Ziele, die Programmatik, dahinter konnte ich mich stellen und kann das noch immer. Im Großen und Ganzen sehe ich die AfD als die einzige Oppositionspartei, die einzigen Politiker, die noch mit gesundem Menschenverstand für Ziele kämpfen, die einzigen, die uns ermöglichen wollen, die westlichen Wertevorstellungen, so wie wir sie kennen, in einem gut organisierten Staat zu leben.

Und genau das, die Grundlage unseres Zusammenlebens, ist jetzt massiv bedroht. Die Konsequenzen der großen Realitätsverweigerung durch die Altparteien erleben wir gerade im Moment im gesamten Kontext Migration. Die unbegrenzte und unkontrollierte Einwanderung ist ein Thema, das die AfD stark gemacht hat seit 2015, weil sie den Mut gehabt hat, dieses Thema zu besetzen, an das keiner rühren wollte.

Was bewegt einen Menschen in eine Partei zu gehen? Ich war vorher noch nie in irgendeiner Partei gewesen. Politisiert war man als DDR-Bürger zumindest für die Phase des Mauerfalls, der sogenannten Wende. Man konnte da einfach nicht anders, schließlich war ein komplettes Gesellschaftssystem zusammengebrochen. Ich war damals gerade so in meinen ersten Berufsjahren, achtundzwanzig Jahre alt. Ich habe 1989 in einem Importbetrieb gearbeitet, und dieser Betrieb ist einfach abgewickelt worden. Und da habe ich natürlich genau gesehen, wie die Leute entlassen worden sind, wie sie irgendwo anders ihr Heil gesucht und versucht haben, noch eine Anstellung zu bekommen. Das war eine relativ kurze Phase, aber es gab diese Biographiebrüche. Für die Leute, die damals 50 oder 60 waren, ich habe das beobachtet, für diese Leute war das schrecklich. Sie sind ohne Perspektive in eine neue Zeit gegangen, weil sie keine Chance hatten, von vorne anzufangen. Zum Teil mussten sie ihre Häuser verkaufen, weil sie kein Geld mehr hatten.

Die Wende war mit vielen Einbußen für die älteren Ostdeutschen verbunden, die verloren waren in einem neuen System, wo sie sich nicht zurechtfinden konnten und wo es auch an Anerkennung für die Lebensleistung fehlte.

Wie ich persönlich diesen Bruch nach der Wende gesehen habe? Wir haben in den Betrieben ganz viel Medien konsumiert, um den Stand der Dinge täglich richtiggehend einzusaugen. Für mich war das spannend und neu und alles, in dem Bewusstsein, noch so viel Lebenszeit vor sich zu haben, mit ganz viel Hoffnung verbunden. Ich war jung genug, ich hatte Arbeit und bin gut durch diesen doch sehr radikalen Umschwung gekommen.

Als ich mich damals entschied, in die AfD einzutreten, bin ich eher einem Gefühl gefolgt, das im Rückblick aber seine eigene Logik hat. Ich will nicht sagen, dass wir in einer DDR 2.0 leben, aber es kommt mir aus meinen Lebenserfahrungen heraus doch vieles sehr bekannt vor, gerade die Diffamierung, die Verfolgung von Andersdenkenden, die Gleichschaltung der Medien. Die Verengung des Meinungskorridors trifft ja auf ganz viele verschiedene Punkte zu, was auch die meisten Menschen in die AfD treibt. Jeder hat ein bestimmtes Initialthema. Sicherlich die Migration, aber darüber hinaus gibt es noch so viel mehr.

Ein Thema ist dieser Bildungsverfall, den ich bei meinen Kindern ab den 2000ern beobachten konnte. Als Eltern sitzt man dann in so einem Klassenabend drin und merkt, man ist ein Außenseiter, weil man noch einem bestimmten Leistungsgedanken folgt, noch bestimmte Ziele hat, einfach noch kritisch mit Dingen umgeht. Das war einfach dort schon nicht mehr erwünscht. Wenn du Dinge kritisch gesehen hast, warst du auch unter den anderen Eltern der Querulant. Die AfD dagegen, das war so eine Truppe, die sich auch mal traute, was zu sagen. Ich bin damals auch wegen des Bildungsthemas von meiner Familie ermuntert worden, parteipolitisch aktiv zu werden. Der Tenor war: Da kann man wenigstens etwas bewegen, statt nur zu Hause zu sitzen und zu meckern.

Und genau die Situation, die wir heute haben, gibt mir recht, in der AfD zu sein. Es ist ja nicht so, als hätte es keine warnenden Stimmen gegeben. 1996 kam das Buch von Samuel Huntington raus, *Clash of Civilizations?*[1] Das war ein Bestseller und jeder gebildete Mensch hatte dieses Buch auch gelesen. Es gab eine durchaus große Diskussion im Feuilleton. Dann hatten wir 2003, das sind alles Erlebnisse für mich gewesen, Gunnar Heinsohn mit dem Buch *Söhne und Weltmacht.*[2] Damals konnte man übrigens auch noch Deutschlandfunk hören, die haben solche Bücher damals noch empfohlen. Der Unterschied zwischen der westlichen Welt und der islamischen Welt in Hinblick auf die Geburtenraten ist beängstigend. Damals habe ich im Philosophischen Quartett Sloterdijk und Heinsohn über die Zukunft diskutieren gesehen, über die Aussicht, dass der Männerüberschuss der muslimischen Welt dank seiner Geburtenstärke über uns hereinbrechen wird. Sie wurden scharf kritisiert und angegriffen, aber genau das ist jetzt der Fall.

Und dann, 2010, kam Sarrazin,[3] und damit ging es eigentlich richtig los mit dieser Cancel Culture – und das ist einfach auch die Brücke zu mir. Jeder vernünftige Mensch konnte sehen, was da für eine Entwicklung im Gange ist. Ich habe gestern einen Post gesehen, der daran erinnerte, wie alle, die prophezeit hatten, was in der Zeit nach 2015 tatsächlich eingetreten ist, als rechte Autoren diffamiert worden sind: Vera Lengsfeld, Henryk M. Broder, Safranski, Sloterdijk

---

1 Samuel Huntington: Kampf der Kulturen. Die Neugestaltung der Weltpolitik im 21. Jahrhundert. [Engl. 1996] Europa Verlag 1996.
2 Gunnar Heinsohn: Söhne und Weltmacht. Terror im Aufstieg und Fall der Nationen. Orell Fuessli 2003.
3 Thilo Sarrazin: Deutschland schafft sich ab. Wie wir unser Land aufs Spiel setzen. Deutsche Verlagsanstalt 2010.

und viele mehr. Das war der Beginn der Verengung der Meinungs-korridore, die mittlerweile von bedrückenderer Enge sind.

Schon deshalb sehe ich den Schritt in die AfD als richtig an, als die letzte Hoffnung, die dieses Land noch haben kann, auch wenn es natürlich Unzulänglichkeiten gibt. So ein Gebilde muss sich festi-gen, es müssen Strukturen aufgebaut werden, die der politischen Willensbildung einen bestimmten Rahmen geben. Es hängt immer noch zu viel von Einzelnen ab, was taktisch und strategisch manch-mal noch ein wenig unbefriedigend ist.

Die AfD ist wirklich von Beginn an, klarerweise mit allen Brüchen und Konflikten, die einzige Partei, die diese Themen bespielt hat und gegen allen Widerstand mutig weiter bespielt. Das gilt für die Bildung, für die Migration, das gilt für die Sozialsysteme, das gilt für die Renten. Und dort müsste der Ansatzpunkt der Veränderung sein, es braucht dazu einen politischen Willen. Es geht nicht um einzelne Gesetze. Es geht um den politischen Willen, und den sehe ich verkörpert in der AfD als der einzigen Möglichkeit, unser Land wieder vom Kopf auf die Füße zu stellen.

Martina Jost

Manuela Magdalena Pluta

Mein Name ist Manuela Magdalena Pluta und ich bin 28 Jahre jung. Ich habe sowohl eine abgeschlossene Berufsausbildung als auch ein abgeschlossenes Fernstudium. Im Jahr 2020 habe ich mich mit meiner Schwester Nicole Pluta selbstständig gemacht. Wir gründeten einen ambulanten Pflegedienst namens „Ambulanter Pflegedienst Geschwister Pluta", welcher auch erfolgreich läuft.

Auf Instagram findet man mich unter @magdalena_manuela. Auf diesem Profil stelle ich politische, private und berufliche Inhalte ein.

Ebenfalls haben meine Schwester Nicole Pluta und ich auf Instagram und Facebook berufliche Profile, die unter dem Namen @amb.pflegedienst.pluta laufen.

Außerdem bin ich seit 2019 Parteimitglied der AfD. Im Jahr 2021 wurde ich in den Vorstand als Schatzmeisterin des Kreisverbands Wuppertal gewählt. Nebenbei bin ich in der Ratsfraktion der AfD in Wuppertal tätig.

Außerdem bin ich Delegierte auf Bezirks-, Landes- und Bundesebene und engagiere mich in der Frauenorganisation Lukreta.

***

Ich wollte nie in die Politik und das aus einem einfachen Grund.

Für mich war und ist Politik machtkämpferisch orientiert, korrupt und zeitintensiv.

Doch das Schicksal wollte es so, dass ich in der Politik gelandet bin.

Ich war vor der AfD in keiner anderen Partei tätig, da ich ganz andere Vorstellungen von Politik hatte und keine der anderen Parteien meine Werte glaubhaft vertritt.

Zudem bin ich der tiefsten Überzeugung, dass Politik lediglich ein Zusatz zum normalen Berufsleben ist.

Mein Leitsatz war schon immer:

„Verdiene nicht mit der Politik deine Brötchen, so machst du dich nicht angreifbar und bist unabhängig."

Daran hielt ich immer fest und habe mir mein eigenes berufliches Standbein aufgebaut.

Als Neumitglied einer Partei ist man schnell beeinflussbar und dies wollte ich zu meinem eigenen Schutz verhindern. Ich bin schon immer eine Person gewesen, die sich nur schwer lenken und damit manipulieren lässt.

Ich hinterfrage Sachen und bin ein mündiger Mensch.

Letztendlich bin ich eines Tages auf die AfD aufmerksam geworden. Ich hatte genug Berufs- und Lebenserfahrung gesammelt, um an einem Punkt angelangt zu sein, wo ich nicht mehr wegschauen wollte und konnte.

Ich komme aus einem sozialen Berufsumfeld und habe deutsch-polnische Wurzeln. In Gesprächen mit Menschen sind mir immer mehr Missstände in diesem Land aufgefallen. Dazu zählen die katastrophalen Arbeits- und Lebensbedingungen und viele andere Aspekte, die man vielleicht selbst erlebt hat oder aus seinem Umfeld mitbekommen hat. Irgendwann reifte bei mir der Entschluss, aktiv zu werden.

Ich wollte das alles nicht mehr so hinnehmen.

„Lediglich zu nörgeln bringt nichts", war meine Devise. Ich wusste, dass ich mit meiner beruflichen Qualifikation etwas bewegen kann, sobald ich politisch aktiv werde. Natürlich war mir bewusst, dass es schwer werden konnte und ich als Einzelne nicht viel bewirke. Doch das hielt mich keineswegs ab.

Jeder Anfang ist schwer. Nichts würde sich ändern, wenn man nicht darauf aufmerksam macht. Es bringt nichts, wenn man nicht aktiv wird und nur schweigt. Es bedarf einer gehörigen Portion Mut, politisch im rechts-konservativen Umfeld aktiv zu werden und damit gegen den politischen Mainstream zu schwimmen.

Wer weiß, wohin sich Deutschland in hundert Jahren entwickeln wird?

Ich weiß vor allem eins, dass bei allem politischen, beruflichen und privaten Engagement niemals die Sozialkompetenzen verloren gehen dürfen. Der Mensch muss aus meiner Sicht Mittelpunkt des Handels bleiben, und dies ist mit einem aktiven Handelns in der Politik möglich.

Manuela Magdalena Pluta

Gerrit Huy, MdB

Gerrit Huy wurde am 13. Mai 1953 in Braunschweig geboren und ist eine engagierte Politikerin der Alternative für Deutschland (AfD). Sie vertritt den Wahlkreis Weilheim-Schongau in Bayern als Abgeordnete in der Bundestagsfraktion.

Ihr Bildungsweg begann in Hamburg, wo sie ihre Schulzeit bis zum Abitur absolvierte. Anschließend setzte sie ihr Studium in Hamburg fort und erlangte Diplome in Mathematik und Volkswirtschaft. Ihre akademische Laufbahn führte sie bis zur renommierten Harvard Universität in Cambridge, wo sie ihren Master of Public Administration abschloss.

Nach ihrem Studium sammelte Frau Huy umfangreiche berufliche Erfahrungen in verschiedenen Branchen. Sie bekleidete leitende Positionen in der Autoindustrie, darunter als Direktorin für Vorentwicklung und Produktplanung bei Mercedes-Benz. Zudem war sie im Vorstand für Telekommunikations- und Mediendienste bei

Daimler Benz Interservices AG tätig und führte als Vorsitzende die Geschäftsführung von Compaq Computer Deutschland. Zusätzlich war sie als selbstständige Unternehmensberaterin im Bereich Venture Capital tätig.

Ihr politisches Engagement zeigt sich vor allem in ihrer aktiven Beteiligung an den Fachausschüssen der AfD. Als Leiterin des AfD-Bundesfachausschusses für Wirtschaft und Soziales hat sie maßgeblich am Sozialkonzept der Partei mitgearbeitet. Ihr innerparteilicher Schwerpunkt liegt auf sozialpolitischen Themen sowie der Marktwirtschaftspolitik.

Seit 2021 vertritt Frau Gerrit Huy die Interessen ihres Wahlkreises im Deutschen Bundestag und setzt sich dort für ihre Überzeugungen und politischen Ziele ein. Sie ist verheiratet und hat drei Kinder.

***

Ausgebildet als Diplom-Mathematikerin und Diplom-Volkswirtin habe ich viele Jahre Management-Erfahrungen unter anderem im Vorstand eines deutschen Automobilkonzerns und als Deutschland-Geschäftsführerin eines internationalen Technologieunternehmens sammeln können. Verbliebene freie Zeit habe ich fast ausschließlich meinen drei Kindern gewidmet. Allerdings hatte ich mir schon in jungen Jahren vorgenommen, in meiner zweiten Lebenshälfte politisch aktiv zu werden.

Als mir der richtige Zeitpunkt gekommen zu sein schien, konnte ich mich aber mit keiner der damals existierenden politischen Parteien ausreichend identifizieren. Das änderte sich erst, als ich im Fernsehen beobachten konnte, wie die früheren AfD-Hochkaräter Bernd Lucke und Hans-Olaf Henkel als Nazis beschimpft wurden. Ich kannte Henkel beruflich und habe mir gedacht: Das ist doch Blödsinn, das darf man sich nicht gefallen lassen. Da will ich etwas tun. Das war meine erste Wahrnehmung der AfD. Nachdem ich mir dann größere zeitliche Freiräume geschaffen und an einigen politischen Stammtischen der AfD teilgenommen hatte, habe ich Ende 2016 einen Mitgliedsantrag gestellt. Dabei lag mein persönliches Engagement anfangs ausschließlich in der politischen Facharbeit. Unter anderem hatte ich schon frühzeitig eine Rentenreform konzipiert, damit die AfD der aufziehenden großen Altersarmut politisch etwas entgegensetzen kann. In der öffentlichen Diskussion wurde meine Partei damals noch ausgrenzender behandelt als heute, so dass ich mich schon nach kurzer Zeit doch entschlossen habe, auch nach außen „Gesicht zu zeigen". Das hat schließlich seinen Ausdruck in der Kandidatur für ein Bundestagsmandat gefunden. Seit 2021 vertrete ich als Abgeordnete die deutschen Bürger im Bundestag. Und seit 2022 leite ich zusätzlich den AfD-Kreisverband in Weilheim. Mein fachliches Engagement habe ich als Leiterin des Bundesfachausschusses Wirtschaft und Soziales bis heute beibehalten.

Besonders angesprochen hatte mich das AfD-Motto „Mut zur Wahrheit". Denn bevor man Probleme politisch lösen kann, muss man sie erst einmal klar benennen. Dazu hatte sich in den Altparteien niemand bereitgefunden, denn die Politik von Altkanzlerin Merkel war nach ihren eigenen Worten alternativlos. Wer das in Frage stellte, musste gehen oder wurde demontiert. Ein offener Diskurs, wie er zuvor weitgehend möglich gewesen war, wurde immer mehr erschwert. Dies lag nicht zuletzt an der regierungsstützenden „Qualitätspresse" und den öffentlich-rechtlichen Medien, die insbesondere die grenzenlose Asylpolitik der Altkanzlerin begeistert unterstützt hatten.

Spätestens damit war der Niedergang Deutschlands von einer Industrienation von Weltrang zum kranken Mann Europas eingeleitet. Ihren Anfang genommen hatte diese ungute Entwicklung jedoch schon mit der machtpolitisch begründeten, aber sachfremden

Energiepolitik, die zum übereilten wie unnötigen Ausstieg aus der Atomenergie geführt hatte. Diese Entscheidung hat in der Folge unsere schönen Landschaften mit Windrädern und Solarparks übersät. Die Euro-Rettungspolitik mit dem Einstieg in die europäische Schuldenunion tat ein Übriges. Zudem leiden Wirtschaft wie Bürger an versäumter Instandhaltung der Verkehrsinfrastruktur wie gesperrten Brücken, unpünktlichen Zügen und unterausgebauten Schifffahrtswegen. Dringend benötigte große Reformen bei den Sozial- und Steuersystemen, insbesondere bei der Rente und den Unternehmens- und Einkommenssteuern, blieben aus. Unsere einst guten deutschen Schulen bringen heute zwanzig Prozent funktionale Analphabeten hervor, die nicht ausbildungsfähig sind und vielfach direkt in der Sozialhilfe landen. Unsere Universitäten, die früher Scharen von Nobelpreisträgern hervorgebracht hatten, wurden zu Jedermanns-Veranstaltungen und müssen heute mit einer großen Schar nomineller Abiturienten fertig werden, die nicht studierfähig sind. Das trifft sich mit fast zweihundert Gender-Lehrstühlen, die früher nirgendwo gebraucht wurden, die aber heute die Frauenquote stärken müssen. Wobei sich demnächst vielleicht jedermann als Frau identifizieren darf. Oder wird sich die Regierung angesichts des Umfrageerfolgs der AfD nicht mehr trauen, das sogenannte Selbstbestimmungsgesetz noch in den Bundestag einzubringen?

Wie gut, dass kluge Köpfe im Jahr 2013 die Alternative für Deutschland, kurz AfD, gegründet haben. Wir haben in den letzten Jahren den öffentlichen Diskurs stark geprägt und erweitert. Und die Altparteien „gejagt". Wir sagen dazu gerne: AfD wirkt! Denn wenngleich unsere Anträge in den Parlamenten immer wieder abgelehnt werden, wirken sie doch: Viele wurden bereits von anderen Parteien kopiert, teilweise ein wenig umgeschrieben, teilweise fast wörtlich wieder vorgelegt, und mit der jeweiligen

Regierungsmehrheit tatsächlich verabschiedet. Geht doch, darf nur nicht AfD draufstehen.

Aber auch das ändert sich allmählich in dem Maße, wie die Union, insbesondere die CDU, Sprache und Ziele der AfD übernimmt. Wir dürfen also hoffen, dass sich unsere alternative Politik zugunsten der eigenen Bürger und des eigenen Landes allmählich durchsetzt.

Wobei Eile geboten ist.

Denn die Bürger spüren den Niedergang inzwischen im eigenen Portemonnaie. Fast sechzig Prozent haben schon während der Corona-Pandemie auf Ersparnisse zurückgreifen müssen, um über die Runden zu kommen. Die anschließend massiv gestiegene Inflation tut ein Übriges. Hierunter leiden insbesondere die Rentner, denn die bisherigen Erhöhungen haben den Kaufkraftverlust nicht auffangen können. Sie sind deutlich schlechter gestellt als die Bürgergeldempfänger – das sind diejenigen Sozialhilfeempfänger, die grundsätzlich arbeitsfähig sind –, deren Bedarfssätze innerhalb eines Jahres um 25% erhöht wurden. Die Rentner profitieren immer erst im Folgejahr von Lohnanpassungen, was in Zeiten hoher Inflation zu deutlichen Kaufkraftverlusten führt. Dabei sind die deutschen Renten im westeuropäischen Vergleich ohnehin sehr niedrig. Das gilt sowohl für die Zahlwerte in Euro als auch für das Rentenniveau. Dieses gibt das Verhältnis von Rente zum letzten Gehalt an und liegt in Deutschland bei nur 53 Prozent. Das ist im internationalen Vergleich sehr wenig. Und es ist erbärmlich wenig, wenn schon das Einkommen gering war. Dieses Bild passt so gar nicht zur politischen Mainstream-Formel vom reichen Deutschland. Viele deutsche Bürger sind schlicht arm. Und das trifft auch auf sehr viele Rentner zu. Fast zwei Drittel der Rentnerinnen erhalten weniger als 1.000 Euro Rente im Monat. Viele von ihnen haben kein anderes Alterseinkommen als ihre Rente. Damit ist ein Alter in Würde aber nicht möglich. Wir wollen mit einer Rentenreform wieder deutlich verbessern.

Für gute Renten gilt das gleiche wie für gute Einkommen: Die Wirtschaft muss funktionieren. Das aber ist durch die grüne Wirtschaftspolitik nun massiv in Frage gestellt. Schmiermittel jeder Wirtschaft ist nämlich die Energie. Und wenn die zu teuer ist, ist insbesondere die deutsche Exportwirtschaft gefährdet, weil andere Länder mit billigerer Energie und häufig auch mit billigeren Arbeitskräften günstiger produzieren und transportieren können. Als rohstoffarmes Land baut Deutschlands wirtschaftlicher Erfolg aber schon seit Jahrzehnten auf dem Exporterfolg auf. Nun ist dieser aber massiv gefährdet. Investitionen in die deutsche Industrie werden zurückgehalten, Produktionskapazitäten ins Ausland verlagert. Wenn diese Entwicklung nicht gestoppt wird, geht unser Wohlstand den Bach hinunter.

Entsprechendes gilt auch für die überbordende Bürokratie im Land – in der Wirtschaft wie im Staat. Jede Reform von Arbeitsminister Heil hat uns Tausende neuer Stellen in der Ministerialverwaltung beschert. Und die müssen bezahlt werden – vom selben Steuerzahler, der auch Minister Heil und die gesamte Bundesregierung finanziert.

Was den Staat reich, aber die Bürger arm macht, sind die im internationalen Vergleich exorbitant hohen Steuern und Abgaben. Zu den Abgaben sei vorweggesagt: Wir haben die niedrigsten Rentenbeiträge in Westeuropa. Das ist ein wesentlicher Grund für die niedrigen deutschen Renten. Wo wir aber das Zwei- bis Dreifache von dem zahlen, was zum Beispiel in der Schweiz oder in Österreich üblich ist, sind die Versicherungsbeiträge in der gesetzlichen Krankenkasse. Sie sind mit 16,2 Prozent abnorm hoch. Hier ist ebenfalls eine Reform dringend notwendig.

Bei den Steuern kommen Familien mit Kindern noch halbwegs gut weg. Als AfD wollen wir allerdings das Ehegattensplitting noch zu einem Familiensplitting ausweiten, um Eltern die teure

Aufbringung von Kindern finanziell weiter zu erleichtern: Mit jedem Kind soll die Steuer noch einmal deutlich sinken.

Wer absurd schlecht behandelt wird in unserem Steuersystem, ist der ledige Verdiener. Ein Single mit Durchschnittsverdienst zahlt die Hälfte seines Einkommens als Steuern an den Staat. Das ist völlig unverhältnismäßig und führt dazu, dass immer mehr gut ausgebildete Singles ihr Glück im Ausland versuchen.

Der Verlust gut ausgebildeter Arbeitskräfte wiederum verstärkt den Fachkräftemangel im Inland. Und das führt zu weiteren wirtschaftlichen Verlusten. Die Bundesregierung reagiert mit einer Verstärkung der Einwanderung und nennt es Fachkräfteeinwanderung. Die Erfahrung zeigt jedoch, dass daraus in den meisten Fällen eine Einwanderung ins Bürgergeld wird: Auf einen arbeitenden Migranten kommen vier Sozialhilfeempfänger. Da praktisch jeder kommen kann, Fachkraft oder nicht, wird das immer unbezahlbarer und geht zu Lasten von Arbeitenden und Rentnern. Die nie um ihr Einverständnis dazu gefragt worden sind. Klar, dass wir auch diesen Missstand ganz schnell beheben wollen und die passenden Konzepte dafür bereits erarbeitet haben.

Gerrit Huy

Emely Knorr

Name: Emely Knorr
Jahrgang: 1986
Bundesland: Baden-Württemberg
Erlernter Beruf: Medienkauffrau Digital und Print
Parteimitglied: Seit 2020

Parteiarbeit
– Leiterin des Landesfachausschusses für Familie und Demografie
– Mitglied/Delegierte des Bundesfachausschusses für Familie und Demografie
– Vorstandsmitglied/Schatzmeisterin eines Kreisverbandes

„Grenzen schützen – Sicherheit wieder herstellen!" Dieser Slogan der AfD bringt die Antwort auf die Frage nach meiner Motivation, mich in dieser Partei zu engagieren, auf einen Nenner!

Vor ein paar Jahren fing ich an, mich intensiv mit der Familienpolitik der jeweiligen Parteien auseinanderzusetzen – und na ja – was soll ich sagen?! Die AfD konnte mich in vielerlei Hinsicht überzeugen und eines führte zum anderen. Für mich stand von Anfang an fest: Wenn ich schon in eine Partei eintrete, dann nur, um auch tatsächlich politisch aktiv zu werden und mich an der Parteiarbeit zu beteiligen.

Traurig, dass die Alternative für Deutschland von vielen Bürgern immer noch als „Ein-Themen-Partei" wahrgenommen wird. Dies liegt natürlich größtenteils an der systematischen Ausgrenzung bzw. bewusst herbeigeführten Unterrepräsentation in der öffentlichen Medienlandschaft. Wenn ich an „Grenzen schützen!" denke, so kommt mir jedoch nicht nur die Forderung nach einem wirksamen Schutz der europäischen Außengrenzen sowie verschärfte Grenzkontrollen hierzulande in den Sinn (welche natürlich unumstritten notwendig wären)...

Grenzen bieten Schutz, Stabilität und Orientierung – in allen Bereichen des Lebens! Dies soll natürlich nicht bedeuten, Menschen in ihrer persönlich gewählten Art zu leben einzuschränken oder zu benachteiligen – solange dies weder die Persönlichkeitsrechte anderer verletzt noch sonst wie gesetzeswidrig passiert. Die Privatsphäre ist ein hohes und zu schützendes Gut! Was wir hier in Deutschland jedoch erleben, ist das Einreißen von Grenzen. Sei es im schier grenzenlosen Verteilen unserer Steuergelder in alle Herren Länder, während wir den Gürtel enger schnallen sollen, dem Abbau christlich basierter Werte und dem Nachgeben gegenüber einem sich ausbreitenden Islam, in einer naiven und irrationalen Migrationspolitik, welche nicht nur bundesweit, sondern auch für unsere europäischen

Nachbarn zum Dauer-Stresstest geworden ist, oder sei es bei den Themen „Selbstbestimmung" und „Gender Mainstreaming" – mittlerweile ein Sammelsurium an konfusen politischen Initiativen, welche zum Ziel haben, in MEINE/UNSERE Privatsphäre einzudringen und MEINE/UNSERE Grundrechte zu beschneiden! Sei es in Form von Zensur, Elternrechte einschränken zu wollen oder der Diskriminierung von Frauen, deren Domänen und Schutzräume nun Stück für Stück von (biologischen) Männern gekapert werden, die sich neuerdings ganz offiziell und ohne hinterfragt zu werden als Frauen identifizieren. Dafür sind Frauen sicherlich nicht Jahrzehnte hindurch auf die Straßen gegangen! Die Politik ist längst über das Ziel hinausgeschossen und jagt einem „queeren", zügellosen Zeitgeist hinterher, der von einer radikalen, lautstarken Minderheit vorangetrieben wird.

Ich bin bereits vor zehn Jahren gegen die von Grün vorangetriebene Sexualpädagogik auf die Straße gegangen. Die Entwicklungen in den letzten vergangenen Jahren jedoch sind alarmierend! Was wir nun erleben, ist eine sich zuspitzende, alles dominierende Genderideologie, deren Trans-Kult sich durch alle Institutionen gefressen hat und letztendlich zur Kinderfalle wird! Mit dem geplanten Selbstbestimmungsgesetz wird dem Ganzen dann die Krone aufgesetzt, indem das elterliche Mitspracherecht und somit die Fürsorge, die in erster Linie den Eltern obliegt, ausgehebelt wird. Diese Gender-Politik führt verunsicherte, manipulierte (Trans-) Kinder letzten Endes in die Gender-Klinik, in der sie sich einer Geschlechtsumwandlung unterziehen können, was sie letztendlich zu lebenslangen Patienten macht! Die Pharmaindustrie lässt grüßen…

Viel weniger also für mich selbst, als aus Sorge um eine gute und sichere Zukunft für unserer Kinder, aus Sorge um unsere Demokratie, den Erhalt westlicher Werte und den Fortbestand unseres Wohlstandes, hatte ich mich also dazu entschlossen, nicht stillschweigend zuzuschauen und die Alternative für Deutschland tatkräftig zu unterstützen. Trotz des Widerstandes und der Feindseligkeiten, die einem nicht immer erspart bleiben, bereue ich diesen Schritt bis zum heutigen Tage nicht. Ich durfte und darf viele tolle und gleichgesinnte Menschen kennenlernen und erlebe hautnah, wie die Zustimmung in der Bevölkerung wächst. Das gibt Hoffnung und ermutigt, auch weiterhin für seine Überzeugungen einzustehen und sich gegen die dekadenten Entwicklungen hierzulande zu positionieren.

Emely Knorr

Ekaterina Gutner

Geboren im damaligen Leningrad (jetzt wieder St. Petersburg/ Russland). Abitur 1987, Studium an der dortigen Universität für Kultur und Kunst. Am 2. Oktober 1990 über Finnland und Schweden in die Noch-DDR eingereist, die über Nacht im wiedervereinigten Deutschland aufging. Seit 1996 als Fachübersetzerin (größtenteils Deutsch-Englisch) und Fachjournalistin, seit 2019 als Life & Business Coach tätig.

Beitritt zur AfD Bayern Mitte 2016. Seit 2020 angestellt beim Stadtrat Klaus-Rudolf Krestel, AfD-Fraktion Nürnberg.

https://www.facebook.com/katharina.muellerguttner/

**

Die AfD ist die einzige Partei, die die Interessen der jüdischen Bevölkerung Deutschlands schützt. Nachdem es klar geworden ist, dass es hierzulande in absehbarer Zeit weder sichere Grenzen noch Remigration geben wird, bleibt den deutschen Juden nichts anderes übrig, als den Schutz bei der AfD zu suchen, da weder der Staat noch die jüdischen Gemeinden, die auf staatliche Subventionierung angewiesen und demzufolge obrigkeitshörig sind, ihnen Schutz bieten können.

Als Mitglied bei Juden in der AfD e.V. hatte ich in diesem Jahr die Ehre, auf dem Internationalen Kirchentag bei uns in Nürnberg bei den Christen in der AfD mitzuwirken und am Infostand dabei zu sein.

Im Juni 2023 wurde ich als Beisitzerin in den Vorstand des Vereins MfD – Mit Migrationshintergrund für Deutschland gewählt. Der Verein wurde vom AfD-Fraktionschef in Hessen, Robert Lambrou, gegründet. Deutschland braucht dringend eine andere Einwanderungspolitik, bei der nur derjenige hierbleiben darf, der seinen Lebensunterhalt selbst bezahlt und unserem Land etwas bieten kann.

Das alternativpolitische Engagement liefert das Kernwissen über das Funktionieren des politischen Systems und viel mehr politische Erfahrung als in anderen Parteien, insbesondere durch den Umstand, dass in der AfD jedes Mitglied das Rederecht hat, Anträge stellen kann und sich um ein Amt bzw. eine Mandatskandidatur bewerben kann. Auch ohne irgendein Amt kann man in der AfD aktiv sein und vieles bewirken. Kurz gesagt: In der AfD kann man mehr Demokratie wagen!

Das Besondere an der AfD ist eine klare Sprache ohne Angst und mit dem Mut zur Wahrheit. Die Wahrheit steht über der Korrektheit und den angeblich verletzten Gefühlen. Wer sich deswegen beleidigt fühlt oder dies einfach nur behauptet, ist in jedem Fall ausschließlich selbst schuld.

Mein Großonkel, Hauptmann Naum Grigor'ewitsch Gutner, war einer der ersten, der im Winter 1945 Auschwitz betrat, als seine Kompanie vorrückte. Das war ein reiner Zufall. Das, was er dort sah, konnte er als Jude bis zum Ende seiner Tage eigentlich nie verarbeiten. Er konnte es nur mehr oder weniger aus seinem Bewusstsein verdrängen und wollte darüber nicht sprechen, auch mit mir seiner Enkelin nicht. (Da er keine Kinder hatte, sah er sich als mein Opa.) Seine Liebe zur deutschen Kultur und Sprache hat es jedoch nicht beeinflusst. Als er mit mir sprach, fügte er immer wieder ein paar deutsche Wörter dazwischen. Als Dozent für Physik und Maschinenbau konnte er irgendwie ohne diese Sprache nicht auskommen.

Mal ehrlich: Wäre er im Plenarsaal in Berlin, würde er aufstehen und gehen. Diese heuchlerische Gedenkstunde der Altparteien, die massenhaft aggressive Antisemiten ins Land reingelassen und die Hamas-Anhänger nach dem „Juden ins Gas" immer noch nicht ausgewiesen haben, würde er als puren Hohn empfinden.

Mein Opa warnte, dass wir uns nichts vormachen sollen. Juden werden weltweit bestenfalls geduldet. Solidarität mit ihnen gibt es nur, solange sie unterdrückt und verfolgt werden. Aber wehe, wenn sie ihre Stärke und Wehrhaftigkeit zeigen – oj, wej, dann ist es mit der Solidarität sofort vorbei.

Seit dem 7. Oktober 2023 sehe ich immer wieder, wie recht er hatte!

Claqueure der Regierung oder einfach nur Rückgratlose und Obrigkeitshörige waren schon immer die schlimmsten Antisemiten. Von solchen Erfahrungen war meine ganze Kindheit geprägt. St. Petersburg war die judenfeindlichste Stadt in der ganzen UdSSR. Antisemitismus gab es überall, wo es Verteilungskämpfe gab.

Auch in Deutschland musste ich es erleben – und zwar als ich beruflich erfolgreich wurde. Da war es mit Toleranz sofort vorbei. Die Verträge, die ich verfasste und abschloss, wurden plötzlich als „jüdisch" bezeichnet, meine Arbeitsweise auch. Und das immer von irgendwelchen Nichtskönnern. Damals verstand ich: Antisemit ist schlicht und einfach einer, der mit Leistung nicht umgehen kann. Denn er wird immer die hassen, die es können.

Ich schrieb eine vierstellige Anzahl an Bewerbungen, aber einstellen wollte mich niemand, deswegen gründete ich mein eigenes Geschäft. Ich hatte um die 200 Kunden, aber seltsamerweise nur 1-3 in meiner Region. Meine Dienste wurden gelobt und gut bezahlt, aber als Mitarbeiterin wollte man mich nicht haben. So nach dem Motto: Du bist gut, gehörst aber nicht dazu. Und auf einmal war es anders. Ihr dürft raten, wo.

Richtig, in der AfD!

Zum ersten Mal, nach 27 Jahren in Deutschland, habe ich eine Gemeinschaft gefunden, wo ich nicht diskriminiert werde!

Und da wundert sich jemand, was Migranten und Juden in der AfD tun?

Wird sich jemand wurden, wenn ich zur Gedenkstunde für die Opfer des Nationalsozialismus nicht komme?

Dort neben den Heuchlern und Linksgrünen zu stehen, die nach wie vor die Schlepperei im Mittelmeer fördern und noch mehr Judenfeinde ins Land holen, ist mir alles anderes als angenehm. Aber ich gebe ihnen eine Chance, obwohl ich keine Christin bin. „Sie wissen nicht, was sie tun" (Lukas 23:34). Im digitalen Zeitalter, wo jeder sich informieren kann, würde Jesus es aber nicht sagen. Wer heute etwas immer noch nicht weiß, trägt allein die Verantwortung.

Die Themen der Zukunft sind Bildung und Medizin (dazu gehören auch Landwirtschaft und Ernährung). Das sind die einzigen Bereiche, über welche in Deutschland (!) reell entschieden werden kann. Über solche Themen wie Geopolitik, Migration, Wirtschaft u. a. wird nicht in Berlin, sondern bestenfalls in Brüssel, meistens jedoch in Washington entschieden.

Der Schwerpunkt meines Engagements ist der Kampf um mehr Privatschulen für die Kinder. Das ist die einzige Möglichkeit für die Eltern, ihren Kindern eine gesunde Umgebung zu bieten und sie vor Gewalt seitens anderer Schüler sowie schädlicher Ideologie zu schützen. Der Staat darf sich in die Erziehung der Kinder nicht einmischen, sei es direkt oder indirekt – er hat Artikel 6 Grundgesetz zu achten. Zusammen mit dem Landtagskandidat und Stadtrat Klaus-Rudolf Krestel haben wir unsere Wählerschaft auf das Kernproblem aufmerksam gemacht und uns klar gegen die Gender-Ideologie positioniert: Bildungspolitik („Mehr Privatschulen für unsere Kinder!") war mein zentrales Thema im Wahlkampf 2023.

Für mich steht der Leistungsgedanke im Vordergrund. Das gilt auch im Gesundheitssystem. Es sollen diejenigen belohnt werden, die sich gesundheitsförderlich verhalten – sei es durch Boni oder niedrigere Beiträge.

Insgesamt soll in Deutschland die Bildung von Kindern optimal gefördert werden. Denn nur so kann Deutschland ein starkes Land sein.

Ekaterina Gutner

Claudia Eschweiler

Mein Name ist Claudia Eschweiler, 1969 in Gelsenkirchen geboren, verheiratet, eine Tochter. Ich lebe seit 1972 in Herten, NRW. Ich arbeite als gelernte Speditionskauffrau in unserer eigenen, gleichnamigen Spedition.

In der AfD bin ich Fraktionsvorsitzende der AfD im Stadtrat von Herten, Sprecherin des Stadtverbandes Herten, Schatzmeisterin im Kreisvorstand Recklinghausen und Beisitzerin im Bezirksvorstand Münster.

Außerdem bin ich Schöffin am Verwaltungsgericht Gelsenkirchen. Entspannung finde ich als Sportschützin auf dem Schießstand bzw. als Jägerin im Wald.

***

Ich wohne in einer (noch) schönen Stadt, in der wir auch unseren Betrieb haben.

Ein Bekannter, welcher Abgeordneter im Kreistag von Recklinghausen ist, fragte mich damals, ob ich für seine Fraktion (eine rein kommunale Fraktion/Partei namens Unabhängige-Bürger-Partei) nicht gerne sachkundige Bürgerin im Wirtschaftsausschuss werden möchte. Ich sagte zu und sammelte so meine ersten, politischen Erfahrungen. Die AfD gab es damals noch nicht.

Als sich die AfD 2013 gründete, habe ich die Entwicklung der Partei sehr interessiert verfolgt, da mir schon damals viele programmatische Aussagen sehr gut gefallen haben und genau meiner Meinung entsprachen.

Nachdem ich die AfD dann mehrmals gewählt habe, habe ich mich dann im Jahre 2019 dazu entschlossen, der AfD beizutreten.

Politische Fehlentscheidungen haben in den letzten Jahren und Jahrzehnten dazu geführt, dass es mit Deutschland, aber auch mit meiner Heimatstadt in vielen Bereichen bergab geht. Dieses möchte ich ändern, damit unsere Stadt und unsere Region, für die Bürgerschaft und insbesondere für meine Tochter, auch in Zukunft lebens- und liebenswert ist.

Dies geht aus meiner Sicht nur mit der AfD!

Unsere AfD-Ratsfraktion legt mit vielen Anfragen und Anträgen den Finger in die Wunde und zeigt der Bürgerschaft die Fehler und Versäumnisse der Stadtverwaltung und des Bürgermeisters auf.

Besonders stolz sind wir auf unsere Bürgerdialoge, zu denen immer mehr Bürgerinnen und Bürger kommen. Zuletzt mussten wir mit dem Glashaus die größte Veranstaltungshalle in der Stadtmitte mieten, damit wir dem großen Interesse der Bürgerschaft an unserer Arbeit gerecht werden konnten.

Mit meinem politischen Engagement möchte ich aber auch ein Vorbild für andere Frauen sein und zeigen, dass man sich als kluge und engagierte Frau auch in einer vermeintlichen Männerdomäne durchsetzen kann.

Ich habe viele nette Menschen in der AfD kennengelernt und bin stolz ein Teil dieser Gemeinschaft zu sein.

Claudia Eschweiler

Carola Wolle, MdL

Geboren wurde ich in Heilbronn-Sontheim. Ich bin evangelisch, habe einen Sohn und wohne in Beilstein, also im Landkreis Heilbronn. Mein Vater war viele Jahre in der SPD engagiert – ein grundsätzliches Interesse an sozialer Politik war bei mir daher immer vorhanden.

Als Diplom-Kauffrau führte ich zuletzt ein Dienstleistungsunternehmen für Steuerungstechnik im Bereich Heizung und Klima mit mehreren Mitarbeitern in Heilbronn. Bei der Landtagswahl 2016 wurde ich im März des Jahres für den Wahlkreis Neckarsulm in den baden-württembergischen Landtag gewählt. 2021 wurde ich erneut gewählt.

***

Ich werde oft nach den Gründen für mein Engagement in der AfD gefragt. Diese Frage ist vielschichtig und kann nicht so einfach beantwortet werden. Es ist eine Antwort auf die Fragen: „Wo komme ich her?", „Wo will ich hin?" und „Wie stelle ich mir meine Zukunft vor?"

Schon seit Generationen lebt meine Familie in Beilstein. Hier habe ich den größten Teil meines Lebens mit meinen Eltern und meinen Großeltern verbracht. In Beilstein habe ich meine Wurzeln. Beilstein ist meine Heimat. Die Stadt Beilstein liegt am Fuße der Löwensteiner Berge und gehört mit ihren 6.198 Einwohnern zum Landkreis Heilbronn. Beilstein ist mit seinen sanften Hügeln ein erfolgreiches Weinanbaugebiet. Ich verstehe mich als Baden-Württembergerin, als Deutsche und als Europäerin.

Meinen Eltern haben mich in meiner persönlichen, schulischen und beruflichen Entwicklung genauso unterstützt wie meinen Bruder. Diese selbstverständliche Gleichbehandlung hat mich ermutigt, meine Wünsche und Träume in die Tat umzusetzen. Mit dieser Rückendeckung habe ich an der Universität Mannheim BWL studiert und als Diplomkauffrau abgeschlossen. Ich habe 16 Jahre in den Bereichen Organisationsberatung und Personalpolitik der Daimler AG meinen „Mann" gestanden. Von 2008 bis 2023 leitete ich mein eigenes Unternehmen im Bereich der Mess-, Steuerungs- und Regeltechnik.

Mein Vater war für mein politisches Engagement ein großes Vorbild. Er kämpfte mit Leidenschaft in der SPD für soziale Gerechtigkeit – in der SPD von Willy Brandt und Helmut Schmidt, in der das Wohl des deutschen Volkes das politische Handeln leitete. Einer Partei, die sich der historischen Verantwortung aus den Geschehnissen des 2. Weltkrieges bewusst war und deswegen konsequent Friedenspolitik betrieben hat. Die sozialpolitischen Einstellungen meiner Jugend habe ich im Herzen beibehalten. Durch mein Studium wurden diese Grundhaltungen durch eine wirtschaftliche Sichtweise ergänzt. Während das Koordinatensystem der heutigen SPD viel zu weit in Richtung Kommunismus verrutscht ist, bin ich konservativer geworden. Für meine Freiheit, meine Sicherheit, für meine gesellschaftlichen und wirtschaftlichen Möglichkeiten haben meine Großeltern und Eltern gekämpft und gearbeitet. Ich möchte diesen Reichtum an Chancen an meine Kinder und Enkel weitergeben.

Noch etwas Grundsätzliches: Soziales Engagement hat nichts mit Mitleid zu tun. Soziales Engagement hält unsere Gesellschaft zusammen. Keiner von uns ist vor Schicksalsschlägen gefeit. Dafür haben wir die Sicherheit eines „sozialen Auffangnetzes", das uns beschützt, aber nicht als soziale Hängematte missbraucht werden darf. Wer sich dauerhaft nicht selbst behelfen kann, dem gehört selbstverständlich die Solidarität der ganzen Gesellschaft. Für alle anderen kann es nur um Hilfe zur Selbsthilfe gehen. Genau das war einmal sozialdemokratischer Konsens. Heute stehen Leistungsgedanke, Fleiß oder Stolz auf das Eigene unter Extremismusverdacht. Es scheint deshalb für einige Menschen vorteilhafter und bequemer zu sein, sich und ihre Familien dauerhaft vom Staat alimentieren zu lassen, als einer geregelten Arbeit nachzugehen und ihren Beitrag zur Gesellschaft zu leisten. Diese angeblichen sozialen Wohltaten spalten die Gesellschaft in hart arbeitende Steuerzahler und perspektivlose Wohlfahrtsempfänger. Das ist nicht meine Auffassung von sozialer Gerechtigkeit.

Meine Lebenserfahrung hat zunehmend meinen Widerspruchsgeist gestärkt. Ein Staat, der die Quellen des Volkswohlstandes demontiert und den Reichtum nach politischem Kalkül in alle Welt verteilt – das konnte ich auf Dauer nicht akzeptieren. Eine Presse, die zu allen nennenswerten Fragen eine weitestgehend einheitliche Meinung propagiert – das hat meinen Verstand beleidigt. Eine Parteienlandschaft, die sich von den Bedürfnissen ihrer Wähler meilenweit entfernt hat – das hatte ich von meinem Vater ganz anders gelernt. Eine Gesellschaft, in der andere Meinungen nicht mehr akzeptiert und um den richtigen Weg gerungen wird, sondern Andersdenkende ausgegrenzt, diffamiert oder körperlich angegriffen werden – das kann ich nicht billigen. Ich entdecke historische Parallelen, und deren möglichen Folgen stelle ich mich energisch in den Weg.

Mit meinem Willen zur Veränderung blieb ich zum Glück nicht allein. Als im April 2013 die Alternative für Deutschland gegründet wurde, war ich hoch motiviert, mich dort zu engagieren. Ich wollte in und mit dieser jungen Partei mein Land wieder auf Kurs bringen. Mir war klar, hier ging es nicht nur um ein, zwei Grad nach rechts und nicht darum, die Folgen der Euro-Einführung zu lindern. Es ging um die Rückkehr zu den sozial-liberal-konservativen Idealen der achtziger Jahre – zu einer wertegeleiteten Politik, selbstverständlich mit allen sinnvollen Modernisierungen. Mit dieser starken Hoffnung stellte ich noch im März 2013 meinen Mitgliedsantrag und wurde damit eines der ersten AfD-Mitglieder in meinem Heimatkreis Heilbronn. Wenn es noch einer Bestätigung für diesen Schritt bedurft hätte, so war die Flüchtlingskrise von 2015 der schreckliche Beweis dafür, wie skrupellos die etablierten Parteien den hart erarbeiteten Wohlstand von Nachkriegsgenerationen vernichten.

Bei den Landtagswahlen in Baden-Württemberg 2016 hatte ich die seltene Möglichkeit, meine Partei in gleich zwei Wahlkreisen, Neckarsulm und Hechingen-Münsingen, als AfD-Kandidatin zu vertreten, die ich auch beide gewann. Für mich war es eine Ehre und spannend zugleich, meine Partei im Wahlkampf zu vertreten. Allen Wahlprognosen zum Trotz sind wir schließlich mit 15,1 % in den Landtag eingezogen. Seither bin ich Mitglied der AfD-Fraktion im Stuttgarter Landtag.

Die Arbeit als Abgeordnete ist sehr vielseitig. In der aktuellen Legislatur bringe ich mein Wissen im Ausschuss *Gesundheit/Soziales/Integration*, den ich auch fraktionsintern leite, und in der *Enquete-Kommission* zur Aufarbeitung der Corona-Krise ein. 2016 habe ich in den

Ausschüssen *Wirtschaft/Wohnen* (in dem ich stellvertretende Leiterin war) und *Gesundheit/Soziales/Integration* die Stimme der AfD. Bei den Ausschusssitzungen und in den Plenardebatten des Landtags vertrete ich unsere AfD-Standpunkte kompromisslos und selbstbewusst. Bei meiner Arbeit bringe ich die besondere Sicht einer Frau und Mutter mit AfD-Parteibuch zur Geltung. Unsere Kritik an der Regierungs-arbeit trifft oft den empfindlichen Nerv der übrigen Fraktionen, die sich dann heftig bis beleidigend im Plenum äußern.

Der schönste Teil meiner Arbeit besteht in den Begegnungen mit den Bürgern auf der Straße – ganz egal, ob sie Freunde oder Gegner der AfD sind. Im vorigen Winter habe ich eine gute Idee meiner Kollegen aus Göppingen übernommen, morgens um sechs Uhr an verschiedenen Bahnhöfen im Landkreis den Frühaufstehern auf ihrem Weg zur Arbeit Danke zu sagen. Dazu habe ich jedem, der es wollte, eine frische Brezel inklusive AfD-Informationsblatt überreicht und mich als AfD-Abgeordnete zu erkennen gegeben. Nur wenige haben mein Geschenk zurückgewiesen, fast alle haben sich über diese originelle Wertschätzung gefreut. Ich habe dutzende guter Gespräche geführt, die oft mit der Frage begannen: „Wieso machen Sie das, es stehen doch gar keine Wahlen bevor?". Aber es ging mir genau um diese Botschaft: Als AfD-Abgeordnete stehe ich für diejenigen ein, die das Rad unserer Wirtschaft Tag für Tag am Laufen halten. Weder die Wähler noch ich als Abgeordnete sind käuflich.

Der Mord an der 15-jährigen Mia am 27. Dezember 2017 in Kandel löste unter uns Frauen der AfD Entsetzen aus. Sie wurde von einem gleichaltrigen afghanischen Migranten durch mehrere Messerstiche ermordet. Gemeinsam mit vielen Menschen engagierten wir uns unter dem Motto „Kandel ist überall". Uns war klar, wenn wir die Mädchenmorde nicht thematisieren werden, spricht keiner öffent-lich über Mias Schicksal und ihren Tod. Am 30. Dezember 2017 folgten ca. 200 Menschen dem Demonstrationsaufruf der AfD. Am 3. März 2018 waren es mehr als 4.000 Teilnehmer, die sich mit uns dem Vergessen der vielen Morde an Mia und anderen Mädchen und Frauen durch Migranten entgegenstellten. Unsere Befürchtungen waren leider berechtigt. Seit dem Tod von Mia werden fast täglich Mädchen, Jungen, Frauen und Männer Opfer migrantischer Täter. In unserem Manifest von Kandel haben wir 10 Forderungen für Schutz und Sicherheit formuliert. Wie wichtig unser Engagement war, zeigt die Tatsache, dass Übergriffe und Tötungsdelikte durch Migranten zwar zu einem kurzen Aufschrei führen, jedoch im Alltag inzwischen untergehen. Das Leid der Opfer und ihrer Angehörigen bleibt ungehört!

Die Presse stellt uns gern als Partei alter weißer Männer dar, dabei haben sich in der AfD von Beginn an auch viele starke Frauen engagiert. Durch das gemeinsame Engagement mit meiner lieben Freundin Dr. Christina Baum und vieler anderer Frauen haben sich enge Frauenfreundschaften entwickelt, die mich Tag für Tag in unserem gemeinsamen Handeln bestärken.

Seit ich 2013 in die Alternative für Deutschland eingetreten bin, habe ich Erfolge, aber auch heftige persönliche Anfeindungen vom politischen Gegner, bis hin zu tätlichen Angriffen auf mein Eigentum, erfahren. Zu keiner Stunde habe ich meine Entscheidung für die AfD bereut. Unser Rückhalt in der Bevölkerung zeigt: Wir sind auf dem richtigen Weg. Luckes Anti-Euro-Partei hat sich in gerade einmal 10 Jahren zu einer glaubwürdigen und starken politischen Alternative entwickelt. Darauf können wir alle stolz sein.

Carola Wolle

Hilde Stöber

Name: Hilde Stöber

Alter: 73 Jahre

Familienstand: geschieden, 2 Kinder, 5 Enkelkinder

Konfession: freikirchlich

Wohnort: Iffezheim

Beruf: Großhandelskauffrau, Rentnerin

Motto: Gott ist meine Stärke und Kraft.

Mein Bibelvers: Vertraue von ganzem Herzen auf den HERRN und verlass dich nicht auf deinen Verstand. Denke an ihn, was immer du tust, dann wird er dir den richtigen Weg zeigen. *(Sprüche 3 Verse 5-6)*

Schon bevor die AfD überhaupt existierte, engagierte ich mich politisch und war Mitglied in der einstigen PBC (Partei bibeltreuer Christen) sowie der eurokritischen Kleinpartei AUF (Arbeit, Umwelt, Familie – Christen für Deutschland).

Ich erhielt immer mehr Einblick in die Politik, auch über die Ziele und Aussagen der anderen etablierten Parteien.

So musste ich erkennen, wie in der politischen Landschaft die christlichen Werte immer mehr zu bröckeln begannen. Immer mehr wurden die Stimmen laut für Abtreibung, auch das Einführen der Homo-Ehe. Der Beruf „Prostitution" wurde salonfähig gemacht, nachdem bei der BTW im September 1998 Gerhard Schröder mit der SPD als Wahlsieger hervorging und es mit der SPD und Die Grünen, zur Koalition kam.

So wurde dann diese unsägliche Agenda vorangetrieben, dies auch zum Entsetzen vieler Christen. Die Ehe von Mann und Frau wurde immer mehr in Frage gestellt. Auch die Frühsexualisierung der Kinder in den Schulen wurde vorangetrieben, was mich sehr erschüttert hatte.

Leider musste ich feststellen, wie sich auch die CDU immer mehr diesem Zeitgeist anpasste und sich entkernte. Die christlichen Werte wurden immer weiter ausgehöhlt. War ich doch vor meiner PBC-Zeit eine treue CDU-Wählerin, da mir die konservativen Werte schon immer wichtig waren.

Anfang 2013 erfuhr ich dann von einigen Christen, dass eine neue eurokritische Partei gegründet werden soll, die auch sehr viel Zulauf von ausgetretenen CDUlern habe, da diese mit der Politik von Frau Merkel nicht mehr zufrieden sind. Dies hat mich sehr neugierig gemacht.

So kam es, dass ich nach der Gründung der AfD, am 17. April 2013 Mitglied in der AfD wurde, was ich bis heute nicht bereut habe.

Die Landesverbandsgründung Baden-Württemberg erfolgte im Mai 2013, und kurz darauf die Kreisverbandsgründung Rastatt / Baden-Baden, wo ich als stellvertretende Vorsitzende gewählt wurde. Einige Jahre gehörte ich auch dem Vorstand als Beisitzerin an.

Bei der Gründung des Landesverbandes Baden-Württemberg traf ich auch erfreulicherweise einige Christen, die ich schon aus der PBC und AUF-Partei kannte. Ihr Herzensanliegen war ebenfalls, die christlichen Werte in der Politik, dies nun in der AfD, präsent zu machen, und auch in dem Grundsatzprogramm durch die Mitarbeit zu verankern.

So kam es dann auch, dass am 13. Juli 2013 sich vier AfD-Mitglieder, Martina und Volker Kempf, Joachim Kuhs und meine Person, in Baden-Baden trafen und den „Arbeitskreis Christen in der AfD" gründeten. Schon bald durften wir erfreulicherweise erleben, wie uns immer mehr Christen ansprachen, nachdem sie durch einen Presseartikel in der „IDEA Spektrum" von unserer Gründung erfuhren.

Zunächst trafen sich nur die Christen aus Baden-Württemberg, aber schon bald interessierten sich immer mehr Christen in der AfD, bundesweit für diese Arbeit. Dies hatte zur Folge, dass später die Vereinigung der „Christen in der AfD – ChrAfD" gegründet wurde. Daraus entstanden wiederum örtliche Gebetsgruppen und Treffen, wie auch hier in Baden-Baden, um für die Regierung und unser Volk und Land zu beten. Erfreulich ist immer wieder der große Zusammenhalt und die Gemeinschaft innerhalb dieser Gruppen, zur Stärkung und zum Trost in diesen politisch sehr schwierigen Zeiten. Ganz wichtig ist uns das Gebet für die Regierung, aber auch für die internen Belange der AfD. Dies insbesondere durch die massiven Angriffe und Verleumdungen, wie auch körperlichen Angriffe gegen Personen in der AfD, und auch Bedrohungen von Infoständen. Selbst in den Medien wird die AfD immer als rechtsradikal und ausländerfeindlich dargestellt.

Dem ist jedoch nicht so, denn sonst könnte ich als Christin eine Mitgliedschaft in der AfD nicht wahrnehmen. Auch wenn man vor unkontrollierter Zuwanderung warnt, bedeutet das nicht, dass man den Ausländer oder den Migranten hasst. Auch die schleichende Islamisierung in Deutschland und Europa müsste doch jedem gläubigen Christen zu denken geben.

In meinem vor allem christlichen Bekanntenkreis konnten viele mein politisches Engagement in der AfD nicht verstehen, da wir doch rechtsradikal seien. Weil man mich jedoch kannte, und dies auch als engagierte Christin, gab es immer wieder sehr viel Gesprächsbedarf. Es ist immer wieder traurig, wie durch die Medien und die Altparteien, wie auch durch die Kirchen, ein völlig falsches Bild von uns wiedergegeben wird. Es wäre gut, wenn Christen das Grundsatzprogramm der AfD lesen oder sich die Reden im Bundestag wie in den Landtagen und im Europaparlament anhören würden, denn dies würde sicherlich zu einem anderen Ergebnis führen. Auch erwähnenswert ist, dass die Christen in der AfD maßgeblich auch zur Gestaltung der christlichen Werte in unserem Grundsatzprogramm und auch den Wahlprogrammen beigetragen haben und in diesen verankert sind.

Ich bin dankbar dafür, dass ich Teil der AfD sein darf und kann, um da mitzuhelfen und zu dienen, was Gott für mich in diesen Aufgaben vorgesehen hat. Auch bin ich dankbar für all die Personen in der AfD, egal in welcher Position, die sich unermüdlich für eine segensreiche Politik für unser Land und in Europa einsetzen.

In all diesen Herausforderungen hilft mir immer wieder Gottes Wort und gibt mir Kraft.

„Denn Gott hat uns nicht den Geist der Furcht gegeben,
sondern einen Geist der Kraft,
der Liebe und Besonnenheit".

2. Timotheus 1, Vers 7

Hilde Stöber

Diana Zimmer, MdB

Diana Zimmer (*09. Juli 1998 in Pforzheim, Baden-Württemberg) ist eine deutsche Betriebswirtin und Nachwuchspolitikerin, die durch ihre Direktkandidatur für die Alternative für Deutschland (AfD) im Wahlkreis 279 bei den Bundestagswahlen 2021 überregional bekannt wurde.

Geboren wurde Diana Zimmer als das zweite Kind des russlanddeutschen Ehepaares Anna und Alexander Zimmer. Ihr Vater arbeitete als Maschineneinsteller und Industriemechaniker, während sich Anna Zimmer fürsorglich um die Erziehung der Kinder kümmerte.

Die Großeltern waren Wolhynien- und Wolgadeutsche, die infolge der schicksalhaften Jahre des Zweiten Weltkrieges nach Sibirien und die Oblast Orenburg deportiert wurden. 1996 siedelten die Eltern von Diana Zimmer mit dem zehn Jahre älteren Bruder aus Russland ins baden-württembergische Pforzheim aus. Bereits als Schülerin der Konrad-Adenauer-Realschule nahm sie an Debattierwettbewerben teil und trat noch während ihres Abiturs am Fritz-Erler-Wirtschafts-gymnasium der Alternative für Deutschland bei.

Der Grundstein zu ihrer politischen Karriere war gelegt. Nach ihrem Abitur absolvierte sie eine Ausbildung zur Finanzassistentin und en-gagierte sich parallel dazu im örtlichen Kreisverband der AfD. 2019 trat sie zu den Kommunalwahlen an, aus denen sie später als zweit-jüngste Stadträtin der Stadt Pforzheim hervorging.

Während der Berufsausübung in der Finanz- und Immobilienbran-che und dem politischen Wirken studierte sie Betriebswirtschafts-lehre an der Euro-FH, den Fokus auf Politik gerichtet. Ihr Studium schloss sie im Jahr 2023 mit dem „Bachelor of Science" ab.

Diana Zimmer ist heute Fraktionsvorsitzende der AfD-Gemeinde-ratsfraktion in Pforzheim und Vorsitzende des AfD-Kreisverbandes Pforzheim/Enzkreis. Bei der Wahl zum Bundestag im Februar 2025 wurde die AfD in Pforzheim mit ihrer Kandidatin Diana Zimmer klar stärkste Kraft mit 29,3% der Zweitstimmen. Sie zog damit als jüngste Abgeordnete der AfD-Fraktion in den Bundestag ein.

Social Media: https://www.instagram.com/diana_zimmer98

***

Meine Beweggründe für den Einstieg in die Politik waren zum einen die Unzufriedenheit mit der allgemeinen politischen Entwicklung, zum anderen die Erkenntnis und die tiefe Überzeugung darüber, selbst etwas bewegen zu müssen. Ich wollte mich nicht darauf ver-lassen, dass es schon jemand anderes richten werde. Vielleicht hat hier auch ein gewisser jugendlicher Eifer den Glauben an die Kehrt-wende befeuert. Mit 18 Jahren bin ich in die AfD eingetreten, weil die politischen Handlungen für mich keinen Sinn mehr ergaben und die Regierungspolitik sich zunehmend gegen die mehrheitliche Meinung der Bevölkerung richtete:

Allem voran ist hier Merkels völlig unverantwortliche Migrationspolitik hervorzuheben. Meine Heimatstadt Pforzheim ist bekanntterweise seit mehreren Jahrzehnten regelrechten Experimenten migrationspolitischer Art ausgesetzt. Sozusagen das „Soziallabor Pforzheim", wie es gar ein grüner Landespolitiker offen benannte. Die Folgen der maßgeblich ab 2015 praktizierten Politik der „offenen Grenzen" haben die ohnehin angespannte Situation nochmals verschärft. Immer unangenehmer fühlte es sich an, in der City zu sein, irgendwie fremd in der eigenen Stadt!

Die Pforzheimer fühlen sich weder wohl noch sicher. Dieses Thema wird jedoch pauschaliert abgewunken als eine subjektive Wahrnehmung abgetan und weil unbequem, ad acta gelegt. Diesen ignorierenden Umgang mit dem Bürgerempfinden konnte ich nicht nachvollziehen. In den Jahren ihrer Verantwortung für „meine Stadt" haben Bürgermeister und Stadträte der verschiedensten Parteien sich der Realität und mit Wegducken den kritischen Meinungen entzogen. Statt ehrlicher Auseinandersetzung den für sich bequemeren Weg der Untätigkeit gewählt. Diese Umstände haben zu einer völlig verschobenen und befremdenden Bevölkerungsstruktur geführt. Die AfD, als neue sich noch formierende, aber entschlossene Partei, griff diese Themen emphatisch auf und machte keinen Hehl daraus, den Finger in die Wunde legen zu wollen.

Ich war noch Schülerin, als ich der Partei beigetreten bin. Neben den vielen migrationskritischen Fragen gab es aber noch einen weiteren wichtigen Beweggrund, unmittelbar in Verbindung stehend mit meiner politischen Auseinandersetzung: das Verhalten meiner damaligen Mitschüler. Ich empfand es immer wieder interessant wie fragwürdig, mit welcher Selbstverständlichkeit von freier Meinungsäußerung gesprochen wurde. Die freiheitlichen Grundsätze in entsprechenden Schulfächern wie Gemeinschaftskunde oder Geschichte wurden hochgehalten, um sich dann paradoxerweise, vielleicht auch unbewusst zensurähnlichen Methodiken im Sprachgebrauch zu bedienen. Ein wahrhaftiges Beispiel: Wir behandelten den Leitspruch der Aufklärung nach Kant: „Sapere aude...!"

Meine Mitschüler nahmen diese Devise wohlwollend, wenn nicht gar energisch auf, ganz der Auffassung, dass sie dieser bereits instinktiv folgen würden, und wunderten sich darüber, wie es vorhergehenden Generationen passieren konnte, auf entsprechende Manipulationen der Obrigkeiten hereinzufallen. Darauf hätten sie sich niemals eingelassen! Es zeigte sich jedoch, dass diese Annahme schnell wieder entkräftet wurde.

Denn wir hatten Lehrer, die keinen Hehl aus ihren politischen Positionen machten und diese bis an die Grenze ihrer Neutralitätspflicht vertraten. Diese Lehrer haben mit uns offen über ihre Parteizugehörigkeiten gesprochen und über vermeintlich gute und noch nie richtig umgesetzte Staatsformen diskutiert. Meine Mitschüler nahmen diese Informationen gerne auf – auch mit den entsprechenden Hintergedanken, dass noch Klausuren und Prüfungen anstanden, die es zu bestehen galt. Die Gewinnung von Sympathie war also auch ein nicht zu unterschätzender Aspekt.

Informationen werden von Seiten des Kultusministeriums in Form von Lehrplänen vorgegeben, von den Lehrern entsprechend aufgearbeitet, zusammengestellt und aufgetischt. Die Schüler wiederum lernen diese nach bestem Wissen und Gewissen, sodass die Vorgaben in akkurat vergleichbarem Kontext wiedergegeben werden. Schließlich muss man sich eben gute Noten verdienen. Somit wird auch einfach stupide auswendig gelernt und der Stoff bei einer Klassenarbeit reflexartig, aber wirksam angewendet. Für kritische Gedanken- oder Hinterfragungsprozesse bleibt somit automatisch wenig bis gar kein Platz. Diese „Lernmethoden" machten mich angesichts der vorausgehenden Diskussion und der erlernten Schlussfolgerungen von Kant mehr als nachdenklich. Wieso fällt das den Mitschülern nicht auf, oder ist nur pures Desinteresse der Grund?

Die Folgen jenes Automatismus ließen auch nicht lange auf sich warten. Als die Diskussionen um die Migrationsflut dann akut auch die Unterrichtsstunden der Schulen erreichten, sah ich mich mit einer Handvoll anderer Klassenkameraden der Realität des verhüllten Intellektes und der Diskrepanz differenzierter Positionen gegenüber. Alles, was sich nicht im Bereich des verordneten Konsenses befand, schien abfällig, wenn nicht sogar gefährlich zu sein. Zu diesem Zeitpunkt wurde mir bewusst, was für ein Problem wir mit der politischen Rechten haben. Sie wird pauschal und indirekt mit dem nationalsozialistischen bzw. faschistischen Gedankengut vermengt, was schlichtweg einfach nicht der Wahrheit entspricht. „Rechts gesinnt zu sein" kann man als Beleidigung verwenden. Unser Schulsystem vermittelt die politische Farben- und Richtungslehre in höchst bedenklicher und vor allem einseitiger Weise. Woher sonst resultieren solche derartigen Wissens- und Deutungslücken im Bildungswesen? Auf jeden Fall lassen bei solchen Diskussionen auch die persönlichen Angriffe auf emotionaler Ebene nicht lange auf sich warten: Was für ein schlechter, gefühlskalter und erbarmungsloser Mensch muss man sein, lassen einen die Bilder von gestrandeten Leichen an den Mittelmeerküsten „kalt".

Diese Bilder waren uns damals und sind uns auch heute nicht egal. Unsere Kritik beruht auf anderen Grundlagen. Es geht nicht um Schelte auf ungesteuerte Migration, sondern darum, derartige Zustände gar nicht erst zu verursachen. Dieser doch beispielhaft formulierte Lösungsvorschlag wurde jedoch vehement abgewiesen. Ich war also abgestempelt.

Wir sind also wieder beim Thema Mündigkeit. Aus welchen Beweggründen reagieren meine Mitschüler derartig aggressiv, wenn ich mich nicht der Beurteilung der Lehrerschaft oder der Medien anschließen möchte? Warum soll ich mich zurücknehmen, mir den Mund verbieten lassen und mich einem nicht meine Meinung ausdrückenden Aktionismus unterordnen? Ich lasse mich gerne korrigieren, aber vielleicht haben wir es explizit in unserer heranwachsenden Gesellschaft mit einer trügerischen Wahrnehmung von Mündigkeit zu tun. Viele glauben, selbstständig zu denken, frei für sich zu entscheiden und erkennen dabei nicht die vielen Einflüsse, denen sie aufgrund gewisser Automatismen ausgesetzt sind und auf den Leim gehen. Viele verlieren sich im Meinungskorridor zwischen offener und „veröffentlichter" Meinung oder geben einfach das zum Besten, was ihnen vermittelt wird. Mit eigener Haltung, sachlich-kritischer Auseinandersetzung und nüchterner Einschätzung hat das nicht mehr viel zu tun.

Warum also sollte ich mich nicht einer Partei anschließen, die alle diese dem „Sprechverbot" unterworfenen Punkte benennt, den Maulkorb verweigert und sich die Basisdemokratie nach Schweizer Vorbild auf die Fahnen schreibt? Wichtige politische Entscheidungen nicht gegen, sondern mit dem Volk zu treffen, das hat mich beeindruckt! Nach all diesen Erfahrungen stand für mich der Entschluss fest, mich der AfD anzuschließen.

Was ist also mein Anliegen? Das lässt sich ganz einfach mit meinem Motto meiner Bundestagskandidatur „Demokratie braucht mehr als eine Meinung." begründen.

Mir, als Diana Zimmer, als ehrenamtlicher Politikerin und einfach als Mensch, ist es wichtig, dass die Deutschen wieder freier in ihrer Meinungsäußerung, aber auch in ihrer politischen Positionierung werden dürfen. Fehler, bewusst oder unbewusst, die Generationen vor uns begangen haben, dürfen nicht permanent nachwirken oder zu Prämissen unserer gegenwärtigen Handlungen werden. Zu einer gesunden Aufarbeitung dunkler Zeiten gehört auch, sich nicht in kollektiver Schuld zu geißeln, sondern frei und selbstbewusst zum Wohle des Landes nach vorne zu schauen. Die Regierung hat primär die Aufgabe, den Verpflichtungen gegenüber den eigenen Bürgern nachzukommen. Sich um die Belange anderer Staaten zu kümmern, kann ergo nur erfolgen, wenn in Deutschland die Hausaufgaben gemacht sind! Subventionen, Interaktionen, Migration u.v.m. müssen natürlich vorrangig eigenen Belangen obliegen. Es kann und darf nicht im Interesse unseres Landes und der deutschen Bürger sein, in kriegerische Auseinandersetzungen verwickelt zu werden und/oder für die Schulden und Machtspiele anderer Staaten aufzukommen.

Ich persönlich möchte Politik im Sinne von „Deutschland zuerst" sehen und gestalten! Daran ist nichts Verwerfliches zu finden. Mehr als bedenklich aber ist die Tatsache, dass wir es mittlerweile mit Volksvertretern zu tun haben, die gar keine sind und sich in ihrer jüngeren Vergangenheit Bannern und Plakaten mit der Aufschrift „Deutschland verrecke" bedient haben. Es ist nicht nur völlig abwegig, gefährlich und ominös, solchen Leuten die Regierungsgeschäfte und Entscheidungskraft für unser Land in die Hand zu geben und ihnen höchste politische Ämter anzuvertrauen. Es ist eine Blamage! Wie wäre es mal mit einem Gegenentwurf? Politiker, die sich für ein blühendes Vaterland einsetzen und ein Europa von souveränen Nationalstaaten sehen möchten?

Ein wünschenswertes wie notwendiges Ziel wäre zum Beispiel, entsprechende Voraussetzungen zu schaffen, um generelle Eignungsanforderungen für wichtige politische Ämter zu bewirken: Alle potenziell dafür infrage kommenden Personen sollten einen entsprechenden Schul-, Studien-, oder Ausbildungsabschluss und relevante, einschlägige Berufserfahrungen vorweisen. Somit ließe sich praktisch bereits im Vorfeld Reibungsverlusten vorbeugen, die schlichtweg durch Unfähigkeit, mangelndes Fachwissen und fehlende Professionalität im jeweiligen Wirkungsbereich entstehen könnten. Auch den peinlichen, faktenlosen Auftritten wie völlig verdrehten Statements unserer immer wieder aus dem Rahmen fallenden Außenministerin wäre damit wahrscheinlich bereits im Vorfeld ein Riegel vorgeschoben worden. Natürlich sollte sich Deutschland selbstbewusst von den Knebeln der EU-Kommission befreien und sich weiteren sinnlosen Verordnungen entziehen.

Wir alle sind Deutschland, ein Land, das mit der richtigen Politik, eigenständig und selbstbestimmt in der Lage ist zu erkennen und zu bestimmen, was für unser Land gut ist und was wir von außen annehmen wollen oder nötig haben! Brüssel und Straßburg sind zu weit weg und zu abgehoben mit ihrem aufgeblähten Verwaltungsapparat in Selbstbedienungsmanier. Höchste Zeit, das Gebilde zu verschlanken und auf Herz und Nieren in der Notwendigkeit zu prüfen!

Diana Zimmer

Sigrid Uhle-Wettler

Sigrid Uhle-Wettler, Parlamentarische Beraterin, Dipl.-Musikpädagogin, geboren in Bonn, Schulzeit in Deutschland, Belgien (Mons) und Italien (Rom). Studium der Instrumentalpädagogik an der Robert-Schumann-Hochschule in Düsseldorf, Studium der Musikwissenschaft und Philosophie an der Universität Tübingen.

2000–2003   Musiklehrerin an Waldorfschulen

2002–2021   Chorleiterin und Musikpädagogin im Raum Tübingen und Zollernalb

2016–aktuell   Parlamentarische Beraterin der AfD-Fraktion im Landtag von Baden-Württemberg mit Schwerpunkten Wissenschaft, Forschung, Kultur, Schulpolitik und Landesentwicklung, Wohnen.

Mitglied der AfD seit August 2013, Leiterin des Landesfachausschusses „Bildung, Forschung, Kultur", Mitglied des Landesfachausschusses „Außen- und Sicherheitspolitik" sowie Delegierte der Bundesfachausschüsse.

Durch meine Jugendzeit, die ich zu Teilen im Ausland verlebte, wurde ich sehr früh mit den negativen Aspekten der deutschen Vergangenheit konfrontiert. Mein Bezugspunkt war immer die große Kultur unseres Landes, die sich immer in engem Austausch mit den anderen großen Nationen Europas entwickelte. Hierbei sehe ich die Tradition unseres Landes vor allem als Verpflichtung für uns und für kommende Generationen. In meinen Jahren als Chorleiterin und Musikpädagogin habe ich diese Traditionen in all ihren Aspekten weitergegeben.

Sich als konservativ inszenierende Parteien neigen dazu, in Sonntagsreden die Bedeutung der eigenen Kultur zu betonen, um dann bei wichtigen Entscheidungen nur dasjenige gelten zu lassen, was Geld einbringt. Entsprechend werden die Menschen in kulturschaffenden Berufen oft geringgeschätzt. Dies halte ich für einen strategischen Fehler, denn das meiste Geld auf Landesebene wird für Bildung, Kultur und Wissenschaft ausgegeben. Aufgrund der Wissenschafts- und Kunstfreiheit geht es nicht darum, direkt einzuwirken, sondern darum, bereit zu sein, inhaltlich zu diskutieren. Hierfür braucht es Detailkenntnisse und Detailarbeit. Nur so kann die staatliche Indoktrination linker Parteien demaskiert und deren Einflussnahme über Förderrichtlinien u. Ä. aufgedeckt werden.

Seit 2016 arbeite ich für die AfD-Fraktion im Landtag von Baden-Württemberg als parlamentarische Beraterin und bin für diese Detailarbeit zuständig. Eine Parole wie „Zurück zu dem, was die CDU vor 50 Jahren gemacht hat" ist hierbei nicht zielführend, denn seitdem hat sich die Welt weitergedreht. Stattdessen geht es auch hier darum, positive Zukunftsvisionen zu entwickeln und diejenigen Kräfte zu stärken, die zur Gesundung der Kultur beitragen. Dann könnte die Partei für einen ganz neuen Kreis jener attraktiv werden, die aufgrund der radikallinken Ausrichtung vieler Kulturbetriebe heimatlos geworden sind.

Mutige Frauen – Einblicke in Kunst und Geschichte

„Mut", „Einsatz", „Führung". Dies sind drei Attribute, die zuerst mit einem Engagement für das eigene Land in Verbindung gebracht werden – und mit Männern. Wer denkt hier nicht an den edlen Ritter in der strahlenden Rüstung, der dem bösen Drachen die Stirn bietet. Ein Topos der Geschichte, in der die Frauen lediglich die Rolle des Preises, nicht aber des Akteurs erfüllen. Die Aufgabe der Frau in diesem archaischen Weltbild liegt lediglich darin, Verfügungsmasse und Belohnung des edlen Recken zu sein. Und manch ein Siegfried – oder Menschen, die sich für ihn halten – hat genau dieses Bild vor Augen, wenn er dazu auszieht, um sich mit dem Drachen anzulegen – oder um wenigstens so zu tun, als ob. Das Bild einer Frau, die in dieser Geschichte aktiv handelnder Akteur ist, wird hierbei eher kritisch beäugt. Nicht zuletzt aufgrund einer toxischen Weiblichkeit, die es ebenso wie die toxische Männlichkeit tatsächlich gibt. Im Glanzstück der deutschen Sagenwelt, dem Nibelungenlied, wird diese im unheilschwangeren Zickenkrieg zwischen Krimhild und Brünnhilde deutlich, wo der Streit der Frauen um den Status ihrer Ehemänner zur Brüskierung der Königin führt, auf die der männliche Berater des Königs, Hagen von Tronje, lediglich den Rat einer Ermordung des Drachentöters weiß.

Das Schöne an der Sagenwelt ist nicht die Geschichte an sich. Alte Sagen, so auch das Nibelungenlied, sind regelmäßig eher düster als romantisch. Das Faszinierende daran ist aber, dass diese Sagen und andere Kunstwerke, die die Jahrhunderte überdauert haben, einen sehr unverstellten Blick auf die leibliche, seelische und geistige Befindlichkeit des Menschen geben. Niemand bringt Zeit für ein Heldenlied auf, ohne sich mit dem einen oder anderen Akteur zu identifizieren, ohne Analogien zu seiner privaten Situation zu sehen.

Die Heldenlieder des Mittelalters als musikalische Erzählung wurden mit Fortentwicklung der musischen Künste zur Oper weitergebildet.

Auch hier kommen uns archaische Topoi entgegen, auch hier können wir ein Frauenbild suchen. Auch hier werden wir sowohl toxische Weiblichkeit, aber auch Exempel eines alternativen Frauenbildes sehen.

Nachdem wir uns dem verhängnisvollen Zickenkrieg der Nibelungensage gewidmet haben und der Passivität der holden Weiblichkeit, die sich auf die Rolle des Preises für den edlen Recken zurückzieht, seien jetzt aber auch die Alternativen beleuchtet. Wenngleich wir hier bei alten Mythen ebenso wie in den Opern der Romantik mit fiktiven Charakteren Umgang haben, spiegelt sich doch hier die Frage wider, wie eine Erzählung eines besseren, aktiveren Frauenbildes in der Politik überhaupt aussehen kann. Die Erzählung ist hier wichtig, weil sich Menschen an Erzählungen orientieren. Ohne Grundriss einer Erzählung fehlt der Ansporn zur Durchsetzung. Die Aufgabe der Kunst ist es hierbei, auszudrücken, was direkte Sprache nicht zu vermitteln weiß. Dies in einem rein sprachlich orientierten Artikel darzustellen, werde ich jetzt versuchen.

Bereits dem Topos des Nibelungenliedes liegt ein anderes, viel älteres Motiv zu Grunde: Die Erzählung der Walküren, der Schildjungfern, die mit dem Speer über das Schlachtfeld jagen und den Ausgang der Schlacht bestimmen. Diese Erzählung ist frühmittelalterlich, wenn nicht sogar antik. Sie knüpft an die griechische Legende der Amazonen an, einem mythischen, kriegerischen, tendenziell den nomadischen Skythen zugerechneten Frauenvolk, das den alten Griechen Abscheu und Faszination zugleich abrang. Das Weib als axtschwingende Furie, die eine blutige Spur des Kampfes hinter sich herzieht. Obwohl dieser Topos häufiger aufgegriffen wird, konnte er sich kaum in der Realität durchsetzen, wenngleich jeder größere Krieg auch seine Walküren-Heldinnen kennt. Erinnert sei an Jeanne Hachette, die 1472 die Mauern ihrer Heimatstadt Beauvais erfolgreich mit der Streitaxt gegen angreifende Männer verteidigte, bis zu Eleonore Prochaska, die sich getarnt als „August Renz" den deutschen Befreiungskriegen gegen Napoleon anschloss. Wie auch immer: Physisch kämpfende Frauen sind in der Geschichte die Ausnahme und gingen eher als Inspiration ihrer männlichen Kameraden, denn als große Drachentöterinnen in die Geschichte ein. Und doch hat der Gedanke an wehrhafte Frauen, die für ihre Gemeinschaft einstehen, immer eine Faszination ausgeübt. Jeanne d'Arc ist als Bühnenfigur zahlloser Theaterstücke, Romane, Opern und Filme ein Dauerbrenner der abendländischen Kunst. Sie inspirierte zur fiktiven Kunstfigur der französischen „Marianne", die mit wehender Fahne die mit Pistolen und Kaltstahl bewaffneten Männer zur Revolution führt. Das Bild der „Marianne" wiederum war das malerische Vorbild der „Germania", die mit Lorbeerkranz, Schwert und Fahne über der Versammlung der Paulskirche wachte.

Wir tasten uns dadurch langsam an einen aktiveren weiblichen Topos heran, der sich aus der Rolle des Heldenpreises herauswagt und wohltuende Weiblichkeit verkörpert. Oder vielleicht doch nur eine sozial strafende Weiblichkeit? Welcher Mann will zurückstehen, wenn selbst das sanfte Weib bereits in den Kampf zieht? Ist nicht das Symbol einer kämpfenden Frau eine besondere Schmähung all jener „tapferen Männer", die sich dem anvisierten Ziel nicht tatkräftig anschließen? Über die inneren Beweggründe Mariannes oder Germanias wird nichts gesagt. Es sind stumme Bilder, deren Seelenleben und Gedankenwelt dem Betrachter verborgen bleiben. Verborgen und rätselhaft wie die Weiblichkeit an sich.

Weibliche Figuren wie „Marianne" oder „Germania" sind primär Ansporn für das Handeln der Männer. Sie sind keine eigenständigen Akteurinnen, auf deren Fähigkeiten jenseits der Inspiration zurückgegriffen würde. Sie knüpfen an die Gedankenwelt der Männer an. Wundert man sich, warum Frauen heute vor allem mit linken Gedankengängen assoziiert werden, so lautet die Antwort: Linke haben es geschafft, den Frauen Aufgaben zuzuordnen, die für sie attraktiv sind. Die Rechte verharrt in ihrem Frauenbild hingegen weitgehend im alten Topos, der die Frau auf die Rolle des Heldenpreises und der Inspiration reduziert. Will eine geistige Erneuerungsinitiative hingegen Frauen als Zielgruppe erfassen, reicht es nicht aus, dass sie Probleme der Frauen, etwa in Bezug auf sexualisierte Gewaltkriminalität aufgreift. Sie muss auch Aufgaben für Frauen haben, in denen sie aufgehen können, deren Verwirklichung für sie attraktiv ist. Und das ist eher weniger die Rolle der nett lächelnden Begleitung eines Mannes als dessen Statussymbol.

Eine gern übersehene Tugend der Frau ist ihre Fähigkeit zur Aufopferung für eine Sache, die ihr etwas bedeutet. Schon den alten Jägern und Sammlern war das Bild der Bärin bewusst, die bis zuletzt um ihr Junges kämpft, während der Erzeuger des Jungen in fernen Wäldern umherzieht. Ebenso kann eine weibliche Klugheit dazu führen, sich in andere Personen besser einfühlen zu können. Und nicht zuletzt gibt es eine weibliche Kulturträgerschaft. Nicht umsonst ist von der Muttersprache die Rede. Auch im analytischen Bereich gibt es Themen, in denen Frauen durchaus überlegen sein können, etwa in der Erfassung menschlicher oder kultureller Situationen. Die Schwäche, die nicht-linke Kreise etwa in Bezug auf den kulturellen Einfluss haben, ist durchaus auch auf die geringe Anzahl und den geringen Einfluss kulturversierter Frauen zurückzuführen. Bei traditionell männlichen Feldern, wie der Betriebswirtschaft, der Juristerei oder den Handwerksberufen, sieht man sich gut aufgestellt. Aber: Nicht weniger einflussreich als die „harten Faktoren" sind die weichen Faktoren der Kunst und Kultur. Sie beeinflussen, an was Menschen denken und wie sie etwas interpretieren. Frauen sind hier feinfühliger und nehmen Signale wahr, die den Repräsentanten „harter Faktoren" verborgen bleiben.

Eine politische Strömung, die Frauen auf das Statussymbol oder die Inspiration reduziert, beraubt sich selbst der kulturschaffenden

Kraft der Frau. Männer aus den typisch männlichen Feldern neigen daher leider dazu, Feingeister und hier insbesondere weibliche Feingeister gering zu schätzen, da sie in klassischer Betriebsblindheit nur ihre eigene Disziplin vor Augen haben. Sie werden unsicher, wenn sie von einer Frau über Philosophie, Kunstgeschichte oder Musik belehrt werden. Eine eigene Unsicherheit auf diesen Gebieten wird dann mit Geringschätzung dieser Disziplinen kaschiert. Wutentbrannte Reden darüber, welchem Theater, das empörende Agitation betreibe, man demnächst die staatlichen Zuschüsse streichen will, reichen sich dann mit klassischen Reduktionen des Frauenbildes die Hand. Damit mag man ein Duell an Stammtischen gewinnen. Die Zukunft gewinnt man so nicht. Diese gewinnt man, indem man die Kunst und die Kultur versteht.

Freilich sagt es sich leicht, dass man kultivierte Frauen gerne einbinden möchte. Papier und Schall sind geduldig. Die Praxis ist, dass ein Zusammenspiel rustikaler Männer und feinfühliger Frauen äußerst schwierig ist. Die feinfühlige, kulturbeflissene Frau leidet hier unter der Assoziation mit manipulativen Verhaltensweisen. Beide Eigenschaften, die Weiblichkeit genauso wie die Kunst, werden im rustikalen Milieu oft voreilig mit den nahezu magischen Fähigkeiten der Intrige und des Blendwerks gleichgesetzt. Und hier liegt der Hund begraben, warum manche Erneuerungsinitiative, die von vorwiegend männlichen Handwerkern, Juristen und Ökonomen getragen wird, von außen als unsensibel wahrgenommen wird und es teilweise auch ist. Manipulierbar ist ein Mensch eigentlich nur in den Dingen, die er nicht eigenständig versteht. Sobald eine Gruppe den kommunikativen *modus operandi* mit kulturorientierten Menschen, insbesondere Frauen, gefunden hat, kann sie eine Resistenz dagegen aufbauen. Denn sie hat Mitstreiter, die genau jene Bereiche tatsächlich verstehen. Dies allerdings setzt voraus, dass diese Menschen überhaupt integriert werden und nicht als Konkurrenten verfemt werden, als ein Menschentyp, den man besonders leicht durch Intrigen oder aggressives Auftreten beseitigen kann. Gerade weil die Kultur und das Wahlverhalten der Frauen heute als besonders links wahrgenommen werden, braucht es eine Integration kulturorientierter Frauen auch in rechte Gemeinschaften, die hier korrigierend und ausgleichend wirken.

Just hierbei stehen sich Frauen allerdings auch oft selbst im Weg. Während Männer instinktiv selbst bei größter Rivalität schnell zu einem „Burgfrieden" für das gemeinsame Ziel zusammenfinden, ergehen sich Damen oft in einem Vorrang der Rivalität untereinander. Die Folge ist dann ein Zickenkrieg wie zwischen Krimhild und Brünnhilde. Hier müssen sich Frauen zusammenraufen und tatsächlich von den Männern ein Verhalten der Notgemeinschaft erlernen, das vielen Männern bereits im Instinkt liegt. Ein Gegeneinander verschiedener Frauenbilder auch unter den Frauen tut hier ein Übriges. Verstärkt wird dies, wenn sich Frauen nicht aus sich selbst, sondern über den Status ihrer Männer definieren. In einer Rivalität, die aus Stellvertretertum resultiert, ist ein Ausgleich durch die handelnden Frauen an sich nicht möglich.

Während Frauen eine extreme Opferbereitschaft für Dinge, die ihnen wichtig sind, regelmäßig unter Beweis stellen, stehen sie auch – wegen einer geringeren Imponierbereitschaft, der geringeren physischen Stärke und oft auch dem schlechteren wirtschaftlichen Status – unter einem höheren Konformitätsdruck. Das Klischee, dass Frauen vor allem Geborgenheit suchen und bereit sind, sich dafür einem Konformitätsdruck zu beugen, ist nicht als völlig absurd von der Hand zu weisen. Dieser Konformitätsdruck wird heute verstärkt, indem von Frauen, insbesondere in konservativen Milieus, eine Doppelbelastung als Vorbedingung einer Anerkennung gefordert wird: Sie sollen, damit ihr Wort etwas wiegt, doch eine große Familie gründen, einen erfolgreichen Mann an ihrer Seite haben und dann auch noch in einem Beruf große Karriere machen. Wobei gerade in der Kunst oder der Pädagogik viele Berufe schlecht bezahlt sind oder erfolgreiche Karrieren nur durch besondere Konformität zu erreichen sind.

Stellen sich mutige Frauen gegen einen Zeitgeist, insbesondere feingeistige Frauen, so stehen sie unter einem noch viel größeren Druck. Denn neben den allgemeinen Erwartungen der Gesellschaft und der Strafe der „Herde" gegenüber nonkonformem Denken, ist hier auch noch in der eigenen Gemeinschaft gegen die Stereotype einer rustikalen Männerwelt anzugehen, die jede Kritik an den selbst ernannten Herrlichkeiten als Furientum und Demütigung ihrer Männlichkeit verstehen, weil sie eine Unterordnung der Frau als selbstverständlich betrachten, jedenfalls so lange sie nicht wie ein Mann auftritt.

Eine Integration mutiger Frauen kann nur gelingen, wenn der Vielschichtigkeit der Frauenwelt Rechnung getragen wird. Sie besteht auch aus der Familie, aber nicht nur. Auch aus dem „fleißigen Lieschen", das stoisch die Launen der umgebenden Männer erträgt und die übertragenden Aufgaben penibel erledigt, aber nicht nur. Auch aus der eleganten Dame, die mit gewählten Worten und hübschen Kleidern auftritt, aber nicht nur. Und auch aus der Kulturschaffenden, der Lehrerin, der feingeistigen Persönlichkeit. Aber nicht nur. Auch ich kann hier nur einen Beitrag aus meiner eigenen Perspektive leisten, andere Frauen mögen aufgrund ihrer Lebenssituation oder Biographie einen anderen, ebenfalls völlig legitimen Blickwinkel haben.

Doch ohne die Integration des feingeistigen, weiblichen Elements wird jede auf Mut, Einsatz und Opferbereitschaft bauende politische Erneuerung unserer Gesellschaft eines wichtigen Verständnisses beraubt, das die etablierten Kräfte bereits besitzen.

Sigrid Uhle-Wettler

Julia Theml

Mein Name ist Julia Theml, ich bin 18 Jahre alt und wurde am 26. Juli 2006 im baden-württembergischen Künzelsau am Kocher geboren. Ich kam mit einem angeborenen, stark ausgeprägten Katarakt zur Welt und war bis zur ersten Operation mit 5 Monaten blind. Nach weiteren folgenden Operationen wurde es mir jedoch ermöglicht, knapp 10 Prozent Sehkraft zu erreichen. Während der Pandemie habe ich angefangen, die Corona-Politik und später auch die Ampelregierung zu hinterfragen. Jedoch war ich anfangs noch nicht sonderlich an Politik interessiert, was sich im Frühling 2022 änderte. Seitdem setze ich mich aktiv mit Politik auseinander. Im November 2022 habe ich meinen Mitgliedsantrag für den Beitritt in die Jugendorganisation der AfD ausgefüllt und bin offiziell seit dem 8. Januar 2023 Mitglied der jungen Alternative. Nach einigen schulischen Problemen während der Corona-Pandemie erlangte ich im Sommer 2023 meinen Hauptschulabschluss. Derzeit besuche ich eine kaufmännische Berufsfachschule und werde neben der Fachschulreife auch den Realschulabschluss erlangen.

Weiteres von mir auf Instagram: julia.theml

***

Anfangs habe ich mich nur im Allgemeinen für Politik interessiert. Eines Tages bin ich zufällig auf die AfD aufmerksam geworden. An diesem Tag erschien ein Video über die AfD auf meiner YouTube-Startseite. Zu diesem Zeitpunkt hatte ich mich noch kaum mit der Partei auseinandergesetzt. In diesem Video wurde eher eine kritische Meinung über die AfD vertreten. Da ich grundsätzlich alles hinterfrage, bevor ich mir eine Meinung bilde, entschied ich mich dazu, meine eigenen Recherchen zu betreiben. In der folgenden Zeit habe ich mich mit den Themen der AfD auseinandergesetzt und bemerkte, dass mich viele dieser Themen ansprachen. Im November 2022 habe ich dann das erste Mal an einer Demonstration unter dem Motto „Gegen Armut, Not und Kälte" teilgenommen. Es war eine Demo der AfD. Dort habe ich den Mitgliedsantrag für den Beitritt in die Junge Alternative, der Jugendorganisation der AfD, unterschrieben.

Einerseits möchte ich aktiv dazu beitragen, dass sich die derzeitige Lage in Deutschland verbessert. Vor allem die Themen bezüglich der Sicherheit der Bürger und Familien beschäftigen mich, jedoch möchte ich mich auch für Menschen mit Seheinschränkung und deren Angehörige einsetzen.

Besonders wichtig sind mir dazu noch die Situation der Familien in Deutschland und auch ganz besonders der Frauen. In Deutschland haben Familien einen schwachen Stand. Sie sollen mit hohen Steuern und Abgaben den Staat finanzieren, der sie im Gegenzug allerdings immer mehr bevormundet und sie mit Bürokratie, einem dahinsiechenden Bildungssystem und einem Verfall der Werte zunehmend in die Defensive drängt.

Wie sollen junge Menschen eine Familie gründen können, wenn ihnen schon bei der Ausbildung mit Steuern und Abgaben die Chance genommen wird, sich etwas anzusparen? Wie sollen junge Menschen eine Familie gründen können, wenn der Wohnraum immer knapper und teurer wird? Wie sollen junge Menschen eine Familie gründen, wenn die Zukunftsperspektiven immer düsterer aussehen und mit Ängsten beispielsweise beim Thema Klima und anderen multiplen Krisen gespielt wird?

Und warum werden Steuergelder in aller Welt verteilt, warum werden fortlaufend politische Entscheidungen zu Lasten der jüngeren Generation getroffen und wie soll das dazu führen, dass junge Menschen mit Mut und Herz in die Zukunft gehen, um eine Familie zu gründen?

Gerade auch für junge Frauen wird die Situation immer schwieriger. Sie sollen zum einen eine gute Ausbildung oder ein Studium absolvieren und eine gute Arbeit finden, zum anderen lastet auf ihnen die Erwartung, eine Familie zu gründen, und ihre Geschlechtsidentität wird obendrein in Frage gestellt. Mittlerweile darf sich ja jeder Mann, der sich eine Perücke und Stöckelschuhe anzieht, als Frau darstellen. Ja, es genügt ja schon die einfache Bekundung, man fühle sich eben gerade als Frau. Das führt zur absurden Situation, dass Männer plötzlich Frauen im Frauensport, in der Frauensauna, in der Frauentoilette und in anderen Schutz- und Rückzugsräumen verdrängen.

Auf der anderen Seite wandern jährlich zahlreiche oftmals junge Männer aus archaischen Kulturkreisen ein und bringen eine gegenüber Frauen, insbesondere jungen Frauen und Mädchen, respektlose Weltsicht mit. Dies führt dazu, dass sogenannte „ungläubige Frauen" als eine Art Freiwild betrachtet und entsprechend schlecht behandelt werden. Oft kommt es sogar zu Straftaten gegen die sexuelle Selbstbestimmung und sogar das Leben.

Der Druck auf Frauen steigt damit von mehreren Seiten stetig an und droht sie zu zermürben. Das zeigen auch die Zahlen zu psychischen Erkrankungen und Anmeldungen bei Hilfsorganisationen. So sind viele Frauen, die sich ins Frauenhaus flüchten müssen, Opfer von Tätern mit Migrationshintergrund. Eine besonders groteske Situation sei angemerkt, wenn Frauen als Schutzsuchende in Schutzzelten vor sogenannten Schutzsuchenden Schutz suchen müssen, wie dies schon bei öffentlichen Festen leider der Fall ist.

Doch neben den Frauen hat es noch eine andere Gruppe zunehmend schwerer, sich Gehör zu verschaffen und wahrgenommen zu werden. Es sind die Menschen mit Einschränkungen. Als Betroffene mit einer Sehbehinderung kann ich hiervon leider von nur allzu vielen Problemen berichten. So werden die Ressourcen auf dem Arbeitsmarkt und im Sozialwesen durch den Einwanderungsdruck immer knapper. Sozialarbeiter werden abgezogen, um Asylmigranten zu betreuen. So wird der Termin für ein Hilfsangebot immer begrenzter. Behindertengerechter, also möglichst barrierearmer, Wohnraum wird weniger geschaffen, weil Wohnraum für Asylmigranten Vorzug hat. Zugleich bringen viele der Asylmigranten kein oder nur wenig Verständnis für einen achtsamen und respektvollen Umgang mit Menschen mit Einschränkungen mit. Der Umverteilungskampf um die Ressourcen wird damit immer schärfer. Und das in einer Lage mit Rekordsteuern, die wiederum sowohl die Menschen mit Einschränkungen als auch die Familien, Auszubildenden, Studenten und junge Frauen mit Familienplanung enorm belasten.

Mir ist an Aufklärungsarbeit gelegen. Ich will aufzeigen, wo Menschen mit Einschränkungen Unterstützung benötigen. Ich will aufzeigen, wo Familien wirklich entlastet und gestärkt werden können. Ich will aufzeigen, welche Probleme junge Frauen wirklich haben und welche Lösungen tatsächlich eine Hilfe sind.

Weder Gendergaga noch Sonntagsreden noch geheucheltes Mitleid oder einmal im Jahr ein Gedenktag sind eine Lösung. Ganz im Gegenteil: Sie sind ein Teil des Problems!

Ich will weder gegendert werden. Noch will ich mit sogenannten Frauen mit Penis in einer Umkleidekabine stehen. Noch will ich nur einmal im Jahr Thema sein. Und auch leere Worthülsen von phrasendreschenden Politikern sind alles andere als eine Hilfe. Und erst recht nicht der Import von archaischen Kulturen, in denen Frauen und Menschen mit Einschränkungen kaum Wert haben, kann die Lösung sein. Nein! Das führt erst recht zu massiven Problemen und Konflikten.

Was wollen Frauen? Sie wollen Sicherheit! Sie wollen nicht fürchten müssen, auf dem Heimweg überfallen zu werden und einer Gruppe von Barbaren anheimzufallen. Sie wollen den öffentlichen Raum ebenso wie die Männer beanspruchen und nutzen können. Sie wollen auch keine Schutzzelte auf Festen, sondern die Gewissheit, einfach und unbeschwert ein Fest besuchen zu können.

Frauen wollen auch die Sicherheit, ohne Abstiegsängste eine Familie mit einem soliden finanziellen Fundament und einer erschwinglichen Wohnung gründen zu können. Frauen wollen auch die Sicherheit haben, dass es ihren Kindern eines Tages besser geht als ihnen. Frauen wollen, dass ihre Kinder sichere, saubere und leistungsorientierte Schulen haben.

Frauen wollen den grundgesetzlich (Artikel 6. Abs. 4 GG) verbrieften Schutz der Gemeinschaft erhalten, ohne darum betteln zu müssen oder diesen mit „gefühlten Frauen" teilen oder vor aggressiven fremden Kulturen verteidigen zu müssen.

Frauen wollen Frauen sein und Frauen wollen Respekt und Anerkennung empfangen. Sie wollen nicht mit Männern um ihr Geschlecht konkurrieren müssen.

Was wollen Menschen mit Einschränkungen? Sie wollen ein faires und gerechtes Leben in der Gesellschaft. Sie wollen Teilhabe an Kultur, Bildung und Arbeit, ohne darum betteln zu müssen und auf Almosen angewiesen zu sein. Sie wollen, dass es selbstverständlich ist, dass Gehwege und Bahnsteigkanten abgesenkt werden, dass Leitstreifen für Blinde und Sehbehinderte vorhanden und funktionsfähig sind, dass Texte auch in Brailleschrift verfügbar sind, dass gerade auch – aber nicht nur – im öffentlich-rechtlichen Fernsehen und in den Kinos Untertitel verfügbar sind. Sie erwarten, dass sie weder ausgegrenzt noch bemitleidet werden, sondern ganz normal am Leben beteiligt werden.

Aber auch für die Angehörigen von Menschen mit Einschränkungen ist dringend mehr Unterstützung anzubieten. Stellen Sie sich vor, ein Angehöriger wird beispielsweise bei einem Unfall verletzt und ist danach körperlich eingeschränkt. Wie gehen Sie damit um? Viele Menschen wissen nicht damit umzugehen und drohen überfordert zu werden. Das ist eine höchst problematische Situation, die für alle Beteiligten sehr belastend werden kann. Gerade hier gibt es noch viel Aufklärungsbedarf und es mangelt an Unterstützungsangeboten. Von diesen Angeboten würden alle profitieren. Der hilfesuchende Angehörige wüsste besser mit der Situation umzugehen. Der Betroffene erführe mehr Verständnis. Das Umfeld täte sich leichter mit einem normalen Umgang mit der Situation. Ziel muss es sein, dem Betroffenen so gut zu helfen, dass er möglichst rasch in einen normalen Alltag zurückkehren kann, um so ein würdiges und eigenständiges Leben führen zu können.

Ich engagiere mich alternativpolitisch, weil ich Lösungen und Wege aufzeigen möchte, wie Frauen, Familien und Menschen mit Einschränkungen in unserer Gesellschaft besser und geschützter und mit guter Lebensqualität geachtet werden können.

Dazu bedarf es nicht der in Teilen erfolglosen Rezepte aus den 1970ern, sondern aktueller Ansätze. Das bedeutet, den Kampf um Ressourcen mit leistungsempfangenden Migranten zu beenden, archaischen Kulturen entschlossen entgegenzutreten, den Familien nicht durch Rekordsteuern die Luft zum Atmen zu nehmen und Frauen einfach Frauen sein zu lassen. Kurzum: ein pfleglicher Umgang mit den Menschen und ihren Leistungen. Dafür steht nur die AfD!

Julia Theml

Silke Koch

Ich bin Jahrgang 1967, in Heidelberg geboren und bei meiner allein-erziehenden Mutter aufgewachsen. Von 1973 bis 1979 wohnten wir in Mannheim im Quadrat I 3,8. Dieser große GBG-Gebäudekomplex gehört zum Stadtteil „Klein-Istanbul" (mittlerweile als „Little-Istanbul" als Sehenswürdigkeit der Imageabteilung der Stadt gewürdigt). 2024 wurde ich in den Mannheimer Gemeinderat gewählt.

***

Hier ein paar Eckpunkte meiner Erlebniswelt mit den damals neuen Mitbürgern aus der Türkei: Ich wurde auf dem Spielplatz mit Steinen beworfen. Als ich meine türkische Freundin fragte, weshalb uns diese türkischen Jungen mit Steinen bewerfen, übersetzte sie mir, wir dürfen uns als Mädchen nicht auf dem Spielplatz aufhalten. Mit ca. 10 Jahren fasste mir ein türkischer Mann mitten auf der Straße an die nicht vorhandene Brust. Und es gäbe noch ein paar andere sehr diskriminierende und frauenverachtende Erlebnisse zu berichten.

All diese Begebenheiten prägten mein Bild von Männern aus uns komplett fremden Kulturen, leider nicht zum Positiven.

Als es mit 12 Jahren zu gefährlich für mich wurde, zog meine Mutter mit mir notgedrungen weg. Schutz durch die polizeilichen Behörden oder den Staat gab es damals nicht. Hier hat sich zwar etwas getan, meines Erachtens aber noch nicht genug. Auch heute noch, 43 Jahre später, zeigen sehr viele Frauen und Mädchen sexuellen Missbrauch, Vergewaltigung, sexuelle Übergriffe usw. nicht an, aus Scham und Angst, ihnen würde nicht geglaubt oder zumindest ihre Aussagen angezweifelt. Auch heute noch wird man als Frau gefragt, was man denn zu so später Stunde (wer bestimmt hier was eine späte Stunde ist und vor allem, zu spät?) in dieser verrufenen (wer bestimmt, wo sich Frauen aufhalten dürfen?) Gegend mache! Auch heute noch wird darauf geachtet, was eine Frau trägt, wieviel sie trägt und wie ihr Vorleben bzw. ihr moralischer „Ruf" ist.

Mit 13 Jahren wurde ich dann im Herzogenriedbad Mannheim von 4 jungen türkischen Männern vergewaltigt. Damit habe ich heute noch zu kämpfen. Durch solch ein Erlebnis wird ein Mensch nie mehr wie vorher. Leider wurde 1980 mit solchen Vorgängen, wie vorab erwähnt, noch sehr lax umgegangen.

Meinen Leidensweg sollte kein anderes Mädchen oder Frau durchmachen. Leider sind wir davon weit entfernt. Gerade vor kurzer Zeit passierte genau dasselbe wie mir einem Mädchen. Es gibt fast wöchentlich Massenvergewaltigungen durch Migranten! Dies ist für mich kaum auszuhalten.

Die ganze Gesellschaft hat durch diese katastrophalen Zustände zu leiden. Frauen, die sexuellen Missbrauch, in welcher Form auch immer, erleben mussten, werden irgendwie immer mit den Folgen zu kämpfen haben. Sei es mit jahrelanger psychologischer Hilfe, körperlichen Krankheiten, zwischenmenschlichen Probleme usw. Dies belastet auch unsere Sozialsysteme und Krankenkassen.

Ich selbst hatte auch zweimal Krebs. Die 1. Erkrankung mit 34 Jahren. Ob es hier einen Zusammenhang gibt, kann ich nicht zu 100% belegen, aber es gibt Studien, die besagen, dass zwischen psychischen Problemen, wie eben traumatischen Erlebnisse, und Krebs ein Zusammenhang existiert. Zu dieser Zeit habe ich mich mit meiner Vergewaltigung noch nicht auseinandergesetzt, da mir im Hinterkopf immer noch die Aussage meiner damaligen Freundin herumschwenkte, ich solle mich nicht so anstellen, das wäre ja nicht so schlimm. Jahrelang fühlte ich mich mitschuldig. Lange Jahre konnte ich kein Vertrauen zu anderen Menschen aufbauen. Immer wieder kamen die Erinnerungen hoch, dass keiner der vielen Menschen damals im Freibad um mich herum auf meine Hilferufe reagiert hat. Mitten unter einer Menschenmenge, ganz allein.

Erst als meine Kinder groß waren und ich Zeit für mich hatte, schaffte ich es, in einer Reha über das mir zugestoßene Leid zu sprechen. Jedoch befasste ich mich erst wirklich und ernsthaft mit meiner Vergangenheit, nachdem mein Körper lauthals darauf aufmerksam machte, dass es mir eigentlich nicht gut geht. Meine Halswirbel verhärteten derart, dass ich nicht mehr in der Lage war, meinen Kopf auch nur einen Zentimeter zu bewegen. Da ich immer ziemlich sportlich aktiv war und regelmäßig bei meinem Orthopäden auftauchte, wusste dieser sich auch keinen Rat mehr. Zum Glück war mein Arzt jung und innovativ, so dass er vermutete, diese Schmerzen und Verhärtungen hätten wohl eher mit meiner Psyche denn mit fehlender körperlicher Aktivität zu tun. Darauf folgte ein langer Weg zwischen Kliniken, Psychologen, Ärzten, und leider ist dieser auch noch nicht zu Ende. Manchmal habe ich das Gefühl, dass man wohl sein Leben lang mit solch einem einschneidenden Erlebnis zu kämpfen hat. Es gibt längere Zeiten mit guten Tagen, aber immer wieder kommen Erinnerungen hoch, gerade in diesen Zeiten in diesem Land. Wir leben in einem Land, welches Ängste triggert.

Auch wenn ich versuche, keine Nachrichten zu schauen oder zu lesen, man wird einfach überall mit den Problemen konfrontiert. Vieles, was früher für mich selbstverständlich war, wie abends mit Freundinnen essen gehen oder auf Feste, gestaltet sich mittlerweile zu einer organisatorischen Meisterleistung. Gibt es einen Parkplatz? Ist dieser in der Nähe? Gibt es dort viel Gebüsch? Parken wir alle in der Nähe zueinander, damit wir gemeinsam zu den Autos laufen können? Ich möchte nicht mutig sein, wenn ich abends als Frau ausgehe, ich möchte frei sein!

Aber ebenso unerträglich sind für mich Zwangsehen, Kinderehen und Genitalverstümmelungen. Auch wenn dies meist nur Frauen aus moslemisch geprägten Familien zustößt. Ich möchte mich für alle Frauen und Mädchen in diesem Land einsetzen. Unsere Vorfahrinnen haben unsere Rechte mit Blut und Schweiß erkämpft und die Ampelregierung wirft diese Errungenschaften einfach weg.

Wo bleibt der Aufschrei der Grün*innen, die Emanzipation, Queer und Genderei so hoch anpreisen? Dies sind die echten Probleme der Frauen und Mädchen in diesem Land. Ich kenne so viele Frauen, die sich einfach nicht mehr abends auf die Straße oder in öffentliche Räume trauen. Sind das die Vorstufen einer moslemisch geprägten Gesellschaft oder gar eines Landes unter Scharia-Gesetzen? Dies will ich mir gar nicht vorstellen.

Wenn hier nicht eine Umkehr geschieht, werden wir auch viele kranke Frauen erleben. Sei es psychisch oder körperlich. Solche Erlebnisse greifen in alle Bereiche ein. Ich selbst hatte zweimal Krebs und es ist erwiesen, dass hier auch seelische Aspekte einfließen. Soll unsere Gesellschaft männlich werden? Frauen zuhause eingesperrt, sei es durch Angst oder den Ehemann?

Meine damalige Freundin, Sevim, habe ich nach unserem Wegzug nie mehr gesehen. Ich hörte nur, dass sie wohl in die Türkei verschleppt worden sei und zwangsverehelicht wurde.

Ich möchte allen Frauen und Mädchen in diesem Land Mut machen, sich zu wehren, sich für ihre Rechte einzusetzen und dies nicht nur hinter verschlossenen Türen. Wir müssen an die Öffentlichkeit und diese Verbrechen an der Menschlichkeit immer und immer wieder anprangern. Es kann nicht sein, dass unsere Gesellschaft sich an diese Vergewaltigungen, Massenvergewaltigungen, Frauenmorde, Zwangsehen usw. gewöhnt.

Deshalb bin ich bei der AfD. Keine andere Partei nimmt sich der wahren Probleme von Mädchen und Frauen an. Was nützt mir die Genderei, wenn ich Angst haben muss, auf die Straße zu gehen? Dies sind scheinheilige Debatten über Gleichberechtigung.

Meiner Meinung nach hätte unsere Gesellschaft weitaus mehr davon, wenn schon frühzeitig im Unterricht neben Deutsch auch unsere Werte und vor allem unsere Frauenrechte vermittelt würden. Immer und immer wieder. Ein bis zwei Stunden in der Woche müsste dies auf dem Stundenplan stehen. Für alle, auch für die Mädchen. Denn viele Mädchen aus muslimischen Familien wissen gar nicht um ihre Rechte hier in unserem Land. Es ist ja oftmals gewollt, dass diese Mädchen unsere Sprache nicht erlernen, damit sie abhängig von den Männern bleiben.

Bevor an unseren Schulen die Kinder ermuntert werden, mit 6, 7, 8 Jahren über ihre sexuelle Identität nachzudenken und diese anzuzweifeln, wäre es viel sinnvoller, den kleinen Machos aus anderen Kulturkreisen zu zeigen, dass wir hier unsere Frauen als gleichgestellte und gleichberechtigte Mitmenschen sehen. Hier wäre unser Steuergeld endlich mal sinnvoll eingesetzt. Und gleichzeitig würden wir viel Potential freimachen, denn gerade diese jungen Mädchen streben oft nach dieser Gleichberechtigung, die sie an den deutschen Frauen sehen und sind strebsam, einen Beruf zu erlernen. Hier muss noch sehr viel getan werden. Deshalb möchte ich neuen Wind in diese leider immer noch zu oft veralteten Denkmuster bringen.

Das wäre wirklich eine Befreiung und ein Fortschritt, damit Frauen nicht mutig sein müssen, wenn sie frei sein wollen. Deshalb engagiere ich mich alternativpolitisch! Es wird Zeit, den linken Mief mal ordentlich durchzulüften!

Silke Koch

Ramona Lisa Mauz

Mein Name ist Ramona Lisa Mauz, geboren bin ich im November 1990 in Sigmaringen und wohlbehütet in einer beschaulichen Kleinstadt auf der Schwäbischen Alb aufgewachsen. Der Liebe wegen zog es mich 2014 in den Rhein-Neckar-Kreis in Baden-Württemberg. Seit 2023 engagiere ich mich aktiv in der AfD. Ich freue mich auch über persönliche Zuschriften, Anregungen und Fragen. Unter meiner Facebookseite „Ramona Lisa AfD" kann man mich erreichen und sich gerne ein Bild machen zu meiner politischen Arbeit und aktuellen Themen.

***

Da ich selbst aus einer politisch konservativ denkenden Familie stamme, habe ich mich schon sehr früh für Politik interessiert und die politische Lage immer mitverfolgt. Es war also nur eine Frage der Zeit, bis ich mich auch aktiv engagiere und für meine Freunde und Familie daher keine große Überraschung.

Der ausschlaggebende Impuls war jedoch die schleichende und spürbar immer schlechter werdende politische und gesellschaftliche Entwicklung unseres Landes, durch einen massiven Linksruck der CDU, in der ich lange Zeit meine politische Heimat gesehen habe.

Auch ich persönlich habe Situationen erlebt, die ich niemandem wünsche und die ich auch nicht meinen zukünftigen Kindern und der Generation nach mir zumuten möchte. Fahrten mit öffentlichen Verkehrsmitteln meide ich seit 2018 komplett.

Unkontrollierte Massenzuwanderung, die man uns als sogenannte Fachkräfte verkaufen möchte, und die damit einhergehenden Terroranschläge, die ideologisierte, nicht durchdachte Klimapolitik, kruder Gender-Irrsinn und die sinnlose, milliardenfache Verschwendung unserer Steuergelder, wie die gescheiterte Pkw-Maut oder Fahrradwege in Peru, haben bei mir das Vertrauen in die Politik erschüttert. Ich wollte nicht mehr nur ohnmächtig zusehen, wie weltfremde Politiker unserem Land weiter Schaden zufügen, deswegen habe ich mir den Mut gefasst, in die für mich noch einzig konservative und realpolitische Partei einzutreten – die Alternative für Deutschland.

Mut? Ja es braucht Mut in der heutigen Gesellschaft des Cancel Culture, sich für eine Partei zu engagieren, vor allem ,wenn es die AfD ist. In den Medien kursiert ein völlig verzerrtes Meinungsbild, von den Altparteien werden wir als „Nazis" oder „Rassisten" bezeichnet, weil wir nicht der linksgrünen Ideologie folgen. Das Ergebnis dieser Stimmungsmache schlägt sich leider auf so manchem Infostand nieder, auf dem ich beleidigt wurde, oder auch in den sozialen Netzwerken wie Facebook, Instagram und X, die für so manche rechtsfreie Räume sein mögen. Jede Veranstaltung, die man besucht, ist ein Spießrutenlauf, begleitet von „Nazis raus"-Rufen, Aggressionen und Anfeindungen. Es gab schon Situationen, in denen ich Angst hatte, aber ohne Angst würde es den Mut gar nicht geben.

Und was wäre die Alternative, sich nicht in der AfD zu engagieren? Es wäre die bloße Hoffnung, dass alles gut wird, ohne etwas dafür zu tun. Aber wenn alles gut ausgehen soll, dann muss man nicht darauf hoffen, dass es gut ausgeht, denn Dinge die gut sind, brauchen keine Hoffnung. Daraus folgt für viele die Schlussfolgerung, sowieso nichts tun zu können, und hier fängt die Politikverdrossenheit an. Die Aussichtslosigkeit. Dieser steuere ich entgegen, indem ich, während meiner hauptberuflichen Tätigkeit in einer Zahnarztpraxis, mich auf Social Media engagiere, mit jungen Menschen in Kontakt komme, die mir von ihren Sorgen vor der Zukunft schreiben, oder Aufklärungsarbeit leiste mit YouTube-Videos und TikTok, die gerade bei Jugendlichen und jungen Erwachsenen auf überwiegend positive Resonanz stoßen.

Mein Antrieb ist, der scheinbar ohnmächtigen Situation ein Stück weit zu entfliehen, indem man selbst etwas gestalten kann, und je mehr man aktiv mitgestalten kann, desto kleiner wird die Hoffnungslosigkeit, desto optimistischer der Blick in die Zukunft wieder erscheint ... Dafür setze ich mich ein mit vollem Einsatz und Mut im Herzen.

Ramona Lisa Mauz